Britta Kummer

Mein Leben mit MS

Impressum:
1. Auflage
Mail: karina.bookoffice@gmail.com
www.karinaverlag.at
Text © Britta Kummer
Layout, Überarbeitung, Covergestaltung © Karin Pfolz
Coverfoto © Bettina Böhm
Lektorat © Romy Baumann
Mai 2015, Karina Verlag, Vienna, Austria,

Print: ISBN 978-3-903056-42-8

E-Book: 978-3-903056-43-5

Bibliografische Information der Nationalbibliotheken:
Die Deutsche Nationalbibliothek verzeichnet diese Publikation in der Deutschen Nationalbibliografie; detaillierte bibliografische Daten sind im Internet über http://dnb.dnb.de abrufbar.
Die Österreichische Nationalbibliothek verzeichnet diese Publikation in der Österreichischen Nationalbibliothek.

Britta Kummer

Mein Leben mit MS

Für meine Eltern

Danke, dass ihr für mich immer
der Fels in der Brandung seid.
Und mir damit helft,
all meine Höhen und Tiefen
zu überwinden.

Liebe Leser,

in diesem Buch nehme ich Sie mit auf die Reise in mein MS-Leben.

Sie erfahren, wie alles begann. Ich lasse Sie teilhaben an meinen Gefühlen und Gedanken - ganz ehrlich und ungeschminkt.

Dieses Buch ist **kein** Fachbuch oder Ratgeber über die Krankheit MS (Multiple Sklerose), sondern meine ganz eigene Lebensgeschichte.

Trotz dieser tückischen Krankheit habe ich bislang nicht aufgegeben und werde das auch in Zukunft nicht tun.

Mein Ehrgeiz an das Leben: Nach vorne schauen und die gesetzten Ziele nicht aus dem Blickwinkel verlieren.

Dieses Buch ist ein **„MUTMACHERBUCH“.**

Es soll MS-Betroffenen, deren Angehörigen sowie Interessierten zeigen, dass es trotz einer unheilbaren Krankheit weitergeht ... eben nur anders.

Ihre Britta Kummer

Wie alles begann

Ich war gerade süße 21 Jahre alt, als mir die endgültige Diagnose Multiple Sklerose (kurz MS) den Boden unter den Füßen wegriss. Aber was hatte dieses Wort MS überhaupt für mich, meine Familie und für unsere Zukunft zu bedeuten?

Ich war ein absoluter Sportfreak und in der vollen Blüte meines Lebens. Ich wollte mein Leben genießen und kennenlernen und dann kam alles anders. Auf einmal wollten meine Beine nicht mehr so, wie ich es mir wünschte. Das Laufen fiel mir immer schwerer. Ich hatte Gleichgewichtsstörungen und schwankte durch die Gegend, als wenn ich zu viel Alkohol getrunken hätte. Meine Augen zeigten mir Doppelbilder, die ich bisher auch noch nie gesehen hatte. Erst ignorierte ich diese Signale. Man könnte auch sagen, ich wollte mir nicht eingestehen, dass irgendetwas in meinem Körper vor sich ging, was nicht normal war, so wie bei den meisten anderen Menschen meines Alters.

Wo wir bei dem Wort „normal" wären. Was ist eigentlich normal? Aber es nutzte alles nichts. Die Symptome wurden nicht besser, sogar eher schlechter, also blieb mir nichts anderes übrig, als einen Arzt aufzusuchen.

Zu dieser Zeit wusste ich noch nicht, dass meine Eltern heimlich mit unserem Nachbarn, der Arzt war, über mich gesprochen hatten. Gut, dass ich das nicht wusste, denn ich hätte ihnen bestimmt die Hölle dafür heiß gemacht. Das ging den Nachbarn doch wirklich nichts an! Meine Eltern erzählten mir von seinen Vermutungen, dass ich vielleicht an „Multiple Sklerose“ erkrankt sei. Mit dieser Erkrankung sei nicht zu spaßen. Aber das interessierte mich wirklich nicht. „Multiple Sklerose - MS? Noch nie gehört“, schoss es mir in den Kopf und damit war für mich die Sache erledigt.

Auf Drängen meiner Eltern ging ich dann zu unserem Hausarzt, da immer noch leichte Einschränkungen in meinem Bewegungsablauf vorhanden waren. Ein Arzt des Vertrauens. Wer, wenn nicht er, konnte mir helfen? Das war für mich ganz klar. Er nahm sich viel Zeit für mich und auf mein Bitten und Drängen überwies er mich zu einem Orthopäden. Denn für mich als Sportler lag ganz klar auf der Hand, dass meine derzeitigen Defizite nur von einer Sportverletzung herführen konnten. Eine stumpfe Verletzung, vielleicht einfach eine Überbelastung oder was auch immer es war, das mich daran hinderte, wieder hundert Prozent zu geben. Halt nichts Schlimmes, was mit etwas Ruhe schnell wieder in den Griff zu bekommen war. Wie falsch ich da doch lag.

Dieser Arzt nahm mir Blut ab und stellte fest, dass ich einen hohen Entzündungswert im Körper hatte. Er testete noch meine Reflexe in den Beinen und damit war für ihn die Sache in Ordnung. Er meinte, dass Ruhe für mich gut ist. Ruhe? Gut und schön, aber was hatte das nun zu bedeuten? So ein Wert kommt doch nicht von alleine. Jedoch wurde mir diese Frage hier und jetzt nicht beantwortet, denn dieser Arzt war der Meinung, dass ich bei einem Kollegen, einem Neurologen, besser aufgehoben bin. Alles wirklich sehr verwirrend.

Inzwischen völlig genervt, sollte bzw. durfte ich den nächsten Arzt kennenlernen. Als ob ich nichts Besseres zu tun hätte, als mir die Wartezimmer der umliegenden Arztpraxen anzuschauen. Es gibt wirklich Besseres und Sinnvolleres, was man mit seiner Zeit anfangen kann. Dieser Arzt nahm mich überhaupt nicht für voll. Er machte Untersuchungen, die mir wie eine Ewigkeit vorkamen und ich musste stark mit mir kämpfen, mein Nervenkostüm in den Griff zu bekommen. Denn dieser Arzt und ich waren wie Feuer und Wasser.

Als dann endlich das Ergebnis vorlag, wurde ich von ihm wieder völlig ignoriert. Er bestand sogar darauf, alles nur mit meinem Vater zu besprechen. Dieser verwies ihn aber in die Schranken und machte dem ‚lieben Doktor' unmissverständlich klar, dass das ja wohl nicht ging. So saß Familie Kummer dann zusammen dicht gedrängt in dem kleinen Arztzimmer und lauschte seinen Worten. Ihre Tochter hat MS - Multiple Sklerose. „Mmh! MS? Schon mal gehört, aber wo?" Die restlichen Worte des Mediziners hörte ich gar nicht mehr, weil es mich überhaupt nicht weiter interessierte, was er da noch so alles von sich gab. Außerdem waren ja meine Eltern da, die sich sein „BlaBla" anhörten. Brauchte ich ja dann nicht. Sollte es etwas Wichtiges geben, wusste ich, würden sie mir das schon mitteilen. Ich wurde erst wieder aus meinem Dämmerzustand gerissen, als ich ein Rezept für Medikamente und eine Überweisung ins Krankenhaus in die Hand gedrückt bekam. Ich bekam noch mit, dass ich diese Tabletten unbedingt nehmen sollte.

Zu Hause klärten meine Eltern mich über das Gespräch auf, aber auch hier hörte ich nicht richtig zu. Als das Wort Krankenhaus fiel, war ich aber wieder wach. Der liebe Arzt wollte mich noch gerne zu einem Kollegen überweisen, weil man in einer Klinik viel mehr Möglichkeiten für die Diagnostik hat. Okay, dann eben ins Krankenhaus. Wie man sich sicher vorstellen kann, erzeugte das Wort Krankenhaus nicht gerade Glücksgefühle bei mir.

Im Krankenhaus angekommen fragte ich mich, was ich hier überhaupt mache. Denn meine Beschwerden waren auf einmal wie durch Geisterhand fast weg. Lag das vielleicht an den neuen Medikamenten, die ich pflichtbewusst einnahm? Was machte ich also noch hier? Da die Beschwerden, wie bereits erwähnt, schnell wieder verschwanden, und auch keine größeren und neuen Entzündungswerte zu ermitteln waren, wurde ich ohne größere Untersuchungen nach Hause geschickt. Die Worte: „Wir müssen abwarten“, waren nicht gerade beruhigend. Da es mir aber soweit wieder gut ging, strich ich einfach alles aus meinem Kopf und dachte nicht mehr an das Wort „MS“. Ich löschte dieses Wort einfach aus meinem Kopf, da es mir bis dahin sowieso nichts sagte. Warum sich Gedanken über Dinge machen, die von alleine verschwinden? Und so genoss ich mein Leben wieder in vollen Zügen. Nur meine Eltern machten sich große Sorgen, aber ich konnte sie nur belächeln und verstand den ganzen Wirbel nicht, den sie veranstalteten. Heute weiß ich, sie haben sich verrückt vor Sorge gemacht und mit meiner Ignoranz habe ich es ihnen noch schwerer gemacht, als es sowieso schon für sie war.

Wieder zu Hause ging das normale Leben weiter. Es war eine gewisse Zeit ruhig, doch auf einmal, waren die besagten Symptome wieder da. Aber diesmal so schlimm, dass ich kaum einen Fuß vor den anderen setzen konnte. Ich hätte jedem Säugling im Krabbeln Konkurrenz gemacht. Die Goldmedaille der Babyolympiade wäre mir sicher gewesen. Also landete ich wieder schneller im Krankenhaus, als es mir lieb war.

Diesmal wurden die Ärzte flott und überschlugen sich fast. Nach zahlreichen, teilweise sehr unangenehmen und nicht empfehlenswerten Untersuchungen erhielt ich dann die endgültige Diagnose „Multiple Sklerose“, womit ich nach wie vor nicht viel anfangen konnte, oder besser gesagt nicht wollte. Ich wurde mit Cortison vollgepumpt und wie durch Wunderhand war der Alptraum, so gut wie gar nicht mehr laufen zu können, vorbei. Und wieder kam es mir nicht in den Sinn, mich mit dem Wort „MS“ auseinander zu setzen. Warum auch? Der Alptraum war doch schon wieder vorbei, bevor er richtig angefangen hatte. Sicher hatte ich einen kurzen Moment Angst, nie wieder richtig laufen zu können, aber dank dem Wundermittel Cortison war doch alles wieder gut. Warum sich also weiter verrückt machen?

Zum Thema Cortison sei gesagt, es ist wirklich ein Teufelszeug, aber es hilft ungemein. Bei Cortison handelt es sich um ein lebenswichtiges Hormon, das Entzündungen hemmen kann und damit den verbundenen, durchschlagenden Erfolg bei der Therapie vieler, bisher nicht behandelbarer Krankheiten bietet. So auch bei MS. Mann sollte aber nicht vergessen, dass Cortison trotz seiner positiven Wirkung auch Nebenwirkungen hat. Für mich jedoch ist es genau das Medikament, das mir in kürzester Zeit neuen Lebensgeist einflößte und meine Mobilität zur Höchstform trieb. Viele MS-ler mögen diese innere Unruhe nicht, die Cortison erzeugen kann. Ich persönlich mag es, wenn richtig Leben in meinen Körper kommt und ich dadurch Dinge schaffe, die sonst nicht möglich sind. Wen interessiert es dann, wenn man vielleicht mal zwei Nächte nicht schläft? Cortison ist mein ganz persönliches, kleines Doping und hat mich schon aus dem einen oder anderen Loch gerettet.

Aber nach genau einem halben Jahr holte mich das Schicksal wieder ein. Meine Beine wollten mich wieder nicht von A nach B bringen. Also erneut ab ins Krankenhaus, hochdosiertes Cortison und danach war wieder alles prima. Und immer noch wollte ich nicht begreifen, besser gesagt einsehen, dass ich ein Problem hatte. Aber ich war doch noch so jung. Da macht man sich andere Gedanken und kann oder will nicht glauben, dass man vielleicht krank ist oder wie ich immer so schön sagte „die Seuche mit sich herum trägt“. Und auch mein behandelnder Neurologe war nicht gerade eine große Hilfe. Er besaß nicht das nötige Fingerspitzengefühl. Wenn ich es richtig bedenke, hatte er aus meiner Sicht überhaupt keins, wenn es darum ging, einen jungen Menschen an so eine teuflische Krankheit heranzuführen.

So ging es dann immer weiter. Ein „Auf" wurde schnell wieder von einem „Ab" eingeholt. Krankenhaus hier, Cortison, Medikamente und Therapien da. Dann wieder alles gut, dann wieder alles von vorne. Wirklich nervend und nicht gerade fördernd für ein gutes Selbstbewusstsein.

Aber irgendwann blieben trotz des hochdosiertem Cortison und Medikamenten Spuren zurück. Meine Symptome bildeten sich nicht mehr so wie früher ganz zurück und das Laufen wurde schwieriger, aber immer noch nicht hatte ich richtig begriffen, was vor sich ging und tat nach wie vor vieles, was meinem Körper schadete.

Dann durfte ich in den Genuss kommen, bei einem neuen Neurologen zu landen. Dieser hatte das nötige Feingefühl mir klar zu machen, was mich erwarten kann, wenn ich weiter so leichtsinnig mit mir und meinem Körper umgehe. Er nahm sich Zeit und ich fühlte mich zum ersten Mal bei einem Facharzt gut aufgehoben. Was für ein Glück! Ich nahm mir seine Worte zu Herzen und dachte um, auch wenn es mir schwer fiel. Die erste Reha öffnete mir dann endgültig die Augen. Ich lernte viele Menschen kennen, die sich auch mit dieser Krankheit herumschlugen und so langsam lernte ich, mit dem Wort ‚MS' richtig umzugehen. Schließlich saßen wir alle im selben Boot und man fühlte sich nicht mehr allein und verlassen. Mir wurde schnell klar, wollte ich ein einigermaßen vernünftiges Leben mit meiner ‚Seuche' führen, blieb mir nichts anderes übrig, als umzudenken. Leichter gesagt als getan, aber ein Versuch war es wert. Denn so wie es bisher war, konnte und durfte es beim besten Willen nicht weitergehen.

So versuchte ich dann über Jahre, mal besser, mal schlechter, auf mich und meinen Körper zu hören und aufzupassen. Was mir hin und wieder gut gelang, dann wieder nicht. Ich neigte nämlich dazu, zu übertreiben. Heißt, wenn es mir gut ging machte ich einfach zu viel und bekam natürlich am nächsten Tag die Quittung dafür. Aber Sie müssen mich da auch verstehen. Ich habe mich früher immer sehr gerne und viel bewegt, da liegt es doch auf der Hand, dass man das wieder macht, wenn mal ein guter Tag ist, auch wenn man weiß, was darauf folgt. Nämlich absoluter Ermüdungszustand und das über Tage. Aber dieses Hochgefühl, mal wieder etwas richtig Gutes, in meinem Fall, eine für mich weite Wegstrecke geschafft zu haben, tröstete über alles hinweg. Und selbst heute passiert es noch oft, dass ich übers Ziel hinausschieße. Jedoch lernt man mit der Zeit, damit umzugehen. Also wird heutzutage der nächste Tagesablauf einfach darauf eingestellt, denn so ein Hochgefühl etwas geleistet zu haben, ist nach wie vor toll und hält lange an. Und ich werde mit Sicherheit keine guten Tage auslassen, nur weil ich am nächsten Tag schlapp und müde bin. Ich lebe nun von Tag zu Tag, plane nichts mehr langfristig und fahre damit richtig gut. Mein Arzt sagt immer schmunzelnd zu mir: „Sie kennen Ihren Körper am besten“ und hält keine langen Standpauken. Wie Recht er damit doch hat.

Aber trotz intensiver Pflege schritt die Krankheit nach wie vor unaufhaltsam und unbarmherzig voran und hinterließ immer mehr Spuren. Und wenn ich mich auch sehr bemühte, der Verlauf ließ sich nicht stoppen und nicht nur das. Je schlechter es mir ging, desto mehr Freunde (ich glaubte zumindest bis dahin, dass es welche waren) strichen die Segel und wollten nicht mehr mit mir in Verbindung gebracht werden. „Hallo!?!“, ich konnte nur nicht richtig laufen, das war alles. Ist es wirklich so schlimm, mit einem Menschen gesehen zu werden, der nicht so fit ist? Ich konnte das damals einfach nicht verstehen und fiel in ein Loch, aus dem ich aber dank meiner „richtigen Freundin“ schnell wieder herauskam. Wenn ich jetzt darüber nachdenke, bin ich ganz froh darüber, dass mir die Augen geöffnet wurden. Denn den Menschen, die jetzt immer noch an meiner Seite sind, geht es um mich und nicht darum, dass sie vielleicht mal schief angeschaut werden, weil sie mit jemandem wie mir unterwegs sind, der nicht so ganz „normal“ ist wie der Rest. Wo wir wieder beim Thema „normal“ wären.

Allerdings muss ich zugeben, dieses ‚Schief-angeschaut-werden‘ geht einem schon ganz schön auf die Nerven. Ich weiß selber, dass es seltsam aussieht, wenn ich mich fortbewege, aber ist das ein Grund mich zu mustern oder zu begaffen? Ich fühlte mich dann immer wie ein Tier im Zoo, das in seinem Käfig bestaunt wird. Aber den lieben Mitmenschen da draußen macht so etwas anscheinend eine Freude und wenn sie die Möglichkeit hatten, noch einen lieb gemeinten und netten Kommentar hinterherzuschicken, machten sie das auch. Am Anfang war das sehr verletzend für mich, denn es war wirklich nicht spaßig und hätte ich gekonnt, wäre ich bestimmt nicht so herumgeeiert. Heute kann ich nur noch darüber lachen und mache mir inzwischen einen Spaß daraus, meinen „Bewunderern“ einen frechen Kommentar zukommen zu lassen. Ich schlage sie quasi mit ihren eigenen Waffen und das macht richtig Freude.

Schneller als es mir lieb war, ging es dann mit den Hilfsmitteln los. Sehr unhandliche Gerätschaften, die ich nicht akzeptieren wollte. Erst war es nur ein Gehstock, später kam dann der Rollator hinzu. Ohne ging es nicht, also musste ich mich überwinden und in den sauren Apfel beißen. Denn ich wollte mich weiter fortbewegen, ohne auf die Nase zu fallen.

Wie gesagt, die Krankheit schritt unaufhörlich voran und all meine Beschwerden wurden nach wie vor schlimmer. Fand die Krankheit denn überhaupt kein Ende? Was für eine Energie sie doch hatte, mich immer wieder aufs Neue zu ärgern.

Auch die regelmäßigen Reha-Aufenthalte konnten daran nichts ändern. Für kurze Zeit war dann immer eine Verbesserung da, aber sobald ich wieder zu Hause dem normalen Trott verfallen war, ging es wie vorher weiter. Und nicht nur das. Es kamen noch andere Baustellen hinzu, denn mein Körper war wegen seines nicht gerade guten Zustandes empfänglich für dies und jenes. Und komischer Weise schrie mein Körper auch immer „Hier!“, wenn es etwas zu verteilen gab und sorgte dafür, dass mir nie langweilig wurde. So quälte ich mich zu dem Paket MS noch mit anderen Sachen herum, aber da ich mit der Zeit hart im Nehmen wurde und schon immer ein Kämpfertyp war, konnte ich damit umgehen. Man lernt schließlich nie aus.

Trotz alle dem fand ich aber immer wieder etwas, womit ich mich, zumindest für kurze Zeit, aus dem MS-Sumpf herausziehen konnte. Und dies war die Liebe zu Tieren. Die fragen nämlich nicht, ob man gehandicapt ist, sondern geben einem bedingungslose Zuneigung. Zu gesunden Zeiten bin ich viel geritten, Pferde waren mein Ein und Alles und ob Ihr es glaubt oder nicht, ich habe trotz aller Einschränkungen wieder angefangen zu reiten. Und ich meine selbstständiges Reiten, keine Hippotherapie.

Ich hatte das große Glück, dass ein Hof ganz in meiner Nähe neu eröffnet wurde. Die Besitzerin hatte überhaupt kein Problem mit mir und ermöglichte es, dass ich wieder auf dem Rücken eines Pferdes sitzen durfte. Es war zwar nicht immer so leicht, mich auf den treuen Vierbeiner zu verfrachten, aber letztendlich schafften wir es immer mit vereinten Kräften. Ich hätte mir seid Ausbruch der Krankheit nicht mehr erträumt, noch einmal meiner großen Leidenschaft nachzugehen. Ich schwebte immer wie auf Wolke 7, wenn ich vom Pferderücken kam und genau solche Hochgefühle ermutigten mich darin, weiter zu kämpfen und nicht den Kopf in den Sand zu stecken.

Aber diese Hochgefühle hielten mein MS-Monster nicht davon ab, mich weiter zu beschäftigen. Ich testete neue Medikamente und Therapien, aber der Erfolg war meist nur von kurzer Dauer. Oder ich musste die Medikamente wieder absetzen, weil mein Körper einfach nicht mit ihnen auf „DU" gehen wollte. Nur auf mein treues Wundermittel Cortison war nach wie vor Verlass.

Dann war es sehr lange ruhig. Doch auf einmal kam wieder so ein schwerer Schub, der mir fast die gesamte Mobilität raubte. Meist ist es so, dass die Krankheit schubförmig startet. Das heißt: Hier treten plötzlich und in unregelmäßigen Abständen Beschwerden auf, die sich danach vollständig oder teilweise wieder zurückbilden. Je länger die Krankheit aber ihr Unwesen treibt, geht dies meist in den chronischen Verlauf über, wo es auch noch Unterschiede gibt. Bei mir ist es der sekundär chronisch- progredienter Verlauf. Was bedeutet, die Krankheit schleicht langsam voran, aber es können trotzdem noch zusätzlich Schübe auftreten. Wie man sieht, konnte ich einfach den Hals nicht voll kriegen.

Dieser Schub sorgte dafür, dass ich fast den Boden unter den Füßen verloren hätte. Aber auch hier, wie schon früher, kam mir meine Steh-immer-wieder-auf-Qualität zu Gute. Ich schaffte es, dieses dunkle Tief zu überwinden. Nicht ganz unschuldig daran waren auch die Therapeuten einer Rehaklinik. Es blieben zwar einige zusätzliche Einschränkungen zurück, aber ich stand immer noch auf meinen Beinen und konnte mich fortbewegen. Nicht weit und nicht lange, aber es ging. Nun blieb mir aber nichts anderes übrig, für weitere Strecken auf den fahrbaren Untersatz Rollstuhl umzusteigen.

Zu Beginn meiner Krankheit war die Vorstellung „Rollstuhl" ein absoluter Horror, aber da man meist mit dem Alter etwas weiser wird, sehe ich ihn jetzt nur noch als Hilfe an. Mit ihm kann ich Sachen machen, die sonst nicht machbar sind. Und deshalb bin ich inzwischen froh und dankbar, dass es so etwas gibt. Auch wenn ich lange dafür brauchte, es in meinen

Kopf zu bekommen. Und wenn jemand ein Problem damit hat, gemeinsam mit mir in meinem fahrbaren Untersatz gesehen zu werden, der kann ja weg bleiben. Auch so etwas lernt man erst mit der Zeit, aber wie heißt es so schön: Besser spät als nie! Schließlich bin ich noch nicht so alt, um mich in einem gläsernen Kasten einschließen zu lassen und diesen mit Watte zu polstern, damit nichts mehr an mich herankommt. Denn ich will nach wie vor am Leben teilnehmen. Und in einem Glaskäfig ist man auch nicht wirklich sicher.

Reiten war nun leider nicht mehr drin. Aber dennoch blieb ich dem Hof treu und konnte somit den Kontakt zu meinen geliebten Pferden weiter aufrechterhalten. Aber ich fand wieder ein neues Ventil, was mich forderte. Und zwar das Schreiben, was mich bis dato ausfüllt und dafür sorgt, dass ich auf diese Weise meine überschüssige Energie positiv für mich und meine Krankheit umsetzen kann. Andere gehen joggen, ich haue in die Tastatur.

Nach diesem Schub war fast sechs Jahre Ruhe. Hier und da mal ein kleines Auf und Ab, aber nichts Besorgnis erregendes. Jedoch schien das wohl etwas zu langweilig zu sein, bis ich wieder „Hier!“ schrie. Aber diesmal sollte nicht die MS der Auslöser sein. Es fing alles mit starkem Durchfall und Magenkrämpfen an, die sich über Wochen hinzogen. Natürlich geht man deswegen nicht sofort zum Arzt. Ist ja nur Durchfall. Eine absolute Kleinigkeit zur MS. Leider war dem nicht so. Ein sehr ansteckender Keim hatte sich bei mir festgesetzt und dank meiner Ignoranz konnte er sich richtig breitmachen. Also blieb mir nichts anderes übrig, als doch ins Krankenhaus zu gehen, wo leider nichts gemacht werden konnte, da der Keim zu ansteckend war. Also wieder nach Hause, abwarten bis sich alles von selbst regelte, und dann dem Grund der Magenkrämpfe mit Hilfe einer Magenspiegelung auf den Zahn zu fühlen. Eine Zeit, die sehr viel Kraft gekostet hatte, da ich dank meiner MS nicht zu der Zielgruppe der Menschen gehöre, wo das Immunsystem und der Kräftehaushalt im grünen Bereich sind.

Die Magenspiegelung brachte kein Ergebnis und dank meines geschwächten Körpers, war mein Kreislauf der Meinung, bei diesem Eingriff schlapp zu machen. Warum auch nicht, er hatte ja sonst nichts zu tun. Da die Beschwerden nach wie vor da waren, fackelte mein Hausarzt nicht lange und überwies mich ins nächste Krankenhaus. Gut, wenn man einen fähigen Arzt an seiner Seite hat. Da wurde dann der Übeltäter entdeckt und es wurde beschlossen, ihn zu entfernen. Die liebe Gallenblase muckte und musste somit das Zeitliche segnen?

Eine Operation, nicht auch das noch! Ich wurde das letzte Mal als Kleinkind operiert, woran es keine Erinnerungen mehr gab und ich war auch nicht wirklich scharf auf so eine neue Erfahrung. Eine Woche hatte ich nun Zeit, mich auf die Operation vorzubereiten. Genug Zeit, mich verrückt zu machen. Und man kann sich gar nicht vorstellen, was man sich alles zusammenspinnen kann. Das Internet ist da auch nicht wirklich hilfreich. Ich hatte nämlich nichts Besseres zu tun, als mich im Internet schlau zu machen, wie so eine Operation von statten geht, was passieren kann und so war es unmöglich mein Kopfkino abzuschalten. So bin ich eben, meine Fantasie kennt keine Grenzen. Ich malte mir in den schönsten Bildern aus, was alles passieren kann. Sie denken jetzt, eine Gallenoperation ist doch nichts, aber wir MS-ler sind meist Sensibelchen, reagieren auf Dinge, die wir nicht beeinflussen können, äußerst extrem und man weiß nie, was eine Narkose bei uns anrichtet. Besser gesagt, was das anrichtet, wenn wir uns selbst vorher so verrückt machen und solchem Stress aussetzen. Denn den mögen wir überhaupt nicht und schon mischte meine Krankheit wieder unbewusst mit. Einen neuen Schub konnte ich mir nicht erlauben, das hätte wahrscheinlich meine Gehfähigkeit, die sowieso sehr eingeschränkt ist, zum Erliegen gebracht. Was man sich so alles zusammenspinnen kann, ist schon erstaunlich, allerdings nicht gerade hilfreich für ein gutes Nervenkostüm.

Nun war Tag X da. Einen Tag vorher ging es ins Krankenhaus und meine Anspannung war nicht mehr in Worte zu fassen. Jedoch hatte ich Glück. Ich traf auf einen Arzt, der genau das richtige Fingerspitzengefühl hatte, mir meine Angst zu nehmen. Er war es auch, der mich operierte. Er und der Narkosearzt machten einen super Job! Gäbe es einen Oskar für so etwas, hätten sie ihn verdient. Eine gute Stunde nach der Operation stand ich wieder auf meinen eigenen Beinen, zwar etwas wackelig, aber ich stand und konnte mich alleine fortbewegen. Meine Horrorvorstellung nicht mehr laufen zu können, hatte sich binnen Sekunden in Luft aufgelöst. Ich brauche sicher nicht zu erwähnen, was für ein Stein, nein, ein ganzes Gebirge, mir vom Herzen gefallen ist. Und sollte ich noch einmal in die Situation kommen, operiert werden zu müssen, hoffe ich, dass ich vorher mein Nervenkostüm etwas besser in den Griff bekomme. Hilfreich wäre das bestimmt. Nun heißt es abzuwarten, wann mein Körper mir mal wieder einen Streich spielen möchte. Hoffentlich verstreicht bis dahin aber noch sehr, sehr viel Zeit.

Nun ärgere ich mich schon gute 22 Jahren mit dieser teuflischen Krankheit und den anderen Baustellen herum. Meine MS schreitet nach wie vor weiter voran, ohne dass man absehen kann, was noch alles kommt. Es ist ein Fass ohne Boden. Aber besiegt hat sie mich bis heute nicht und das wird sie auch weiter nicht schaffen.

Wenn ich zurückdenke, habe ich trotz fortschreitender Krankheit viel, sogar sehr viel erlebt und erreicht, was vielleicht bis dahin nicht einmal ein „gesunder" Mensch erleben durfte und geschafft hat. Ich bin trotz fortschreitender Krankheit viel gereist, und genau diese Dinge kann mir keiner mehr nehmen. Ich habe interessante Menschen kennengelernt, die ich wahrscheinlich ohne MS nie kennengelernt hätte. Ich habe Menschen an meiner Seite, denen ich blind vertrauen kann und die mir wegen meiner körperlichen Defizite immer zur Seite stehen. Ich kann wirklich froh sein, solche Eltern und Freunde zu haben. Genau wie meine Ärzte, die mich jetzt schon seit langer Zeit begleiten. Und nicht zu vergessen mein Physiotherapeut, der es sicher nicht immer leicht mit mir hat. Obwohl wir noch nicht lange zusammen arbeiten, schafft er es immer wieder, mich zu motivieren. Ich weiß nicht wie, aber es klappt. Das sind alles sehr wichtige Aspekte, zumindest für mich. Es ist immer jemand da, der einen wieder wachrüttelt oder wörtlich gesagt in den Allerwertesten tritt und daran erinnert, dass auch dieses Leben einen Sinn hat.

Meine Devise lautet inzwischen: „Ich lebe mit MS, nicht die MS mit mir!", auch wenn das ein langer Lernprozess war. Lebe jeden Tag so, als wenn es der Letzte ist. So kann ich immer wieder Kräfte mobilisieren und den Kampf gegen diese tückische Krankheit aufnehmen.

Na klar, es wird immer wieder Höhen und Tiefen geben, dann stellt man sich wieder die berühmte Frage „Warum?", auf die man sowieso keine Antwort bekommt, aber ich weiß genau: „Ich werde nicht kampflos aufgeben!!!"

Mein Fuhrpark

Kopfkino

Gedanken und Empfindungen

Kampfansage

Mein Kopf sagt JA,
mein Körper sagt NEIN.
Kennt Ihr das auch?
Wem soll ich nun vertrauen?
Beide sehr vertraut und doch um Welten voneinander getrennt.
Dann schaltet sich das große „W" ein: Warum?
Und keiner gibt mir eine Antwort.
Ich grüble, will aufgeben,
aber ganz tief in meinem Kopf macht sich eine Stimme breit,
die sagt NEIN, wer aufgibt, ist feige.
Und diese Stimme wird so stark,
dass ich sie nicht mehr ignorieren kann.
NEIN, ich werde nicht aufgeben,
ich stecke nicht den Kopf in den Sand,
ich kämpfe!

MS-Krieger

MS-Krieger – ein hartes Wort, aber es entspricht der Wahrheit.
Ein Krieger ist eine Person, deren Berufung es ist zu kämpfen.
Und genau das mache ich Tag für Tag, um den Kampf gegen mein MS-Monster aufzunehmen.
Mal besser mal schlechter, aber es geht.

Aufgeben – Nein Danke

„Ich lebe mit MS - nicht die MS mit mir!"
Diesen Leitspruch habe ich mir auf die Fahne geschrieben.
Trotz fortschreitender Krankheit habe ich bis heute nicht kapituliert, gegen einen übermächtigen Gegner zu kämpfen.
Aufgeben – das ist ein Fremdwort für mich.
Auch wenn es mir nicht immer leicht fällt, sich täglich einen Kampf mit einem übermächtigen Gegner zu stellen.
Bereits Goethe sagte: „Nichts ist so wichtig wie der heutige Tag."
Und genau danach lebe ich.
Ich genieße jeden Tag, als wenn es der Letzte wäre und versuche, das Beste daraus zu machen.
Denn nur eine Sache ist verloren, wenn man aufgibt.

Die Hoffnung stirbt zuletzt

Ein Spruch, den jeder schon einmal gehört hat.
Für mich die bittere Wahrheit!
Doch die Hoffnung in mir ist stark.
Sie hat nicht das Wissen,
dass die MS mich irgendwann in die Knie zwingt,
sondern der Glaube,
dass sie es nicht macht.

Ich stehe wieder auf

Zwingt uns das Leben in die Knie, haben wir die Wahl,
liegen zu bleiben oder wieder aufzustehen.
Ich stehe wieder auf!
Und was machen Sie?

Beziehungsstatus

MS – eine Beziehung für das ganze Leben.
Ich brauche keine Angst haben, dass sie mich jemals verlässt.
Sie ist wirklich treu.
Aber wer hat mich überhaupt gefragt, ob ich diese Beziehung will?
Niemand!
Denn es gibt Dinge, worauf man wirklich gut und gerne verzichten kann.
Ja sicher, man muss aus dieser ungewollten Bindung das Beste machen. Doch das ist leichter gesagt als getan, denn die MS erinnert einen täglich daran, wie eng das Verhältnis ist.

Das schaffe ich nicht – das kann ich nicht

Gedanken, die versuchen, mich zu beeinflussen.
Oft sehen sie wie der Gewinner aus,
aber dann beginnt ein kleiner Funke ganz tief in mir zu glühen und lässt mich nicht einschüchtern.
Er sagt ganz deutlich: „Das gibt es nicht"!

Warum?

MS – eine Krankheit mit den 1000 Gesichtern und den 1000 Fragen. Eine davon: Warum?
Jedoch bisher ohne Antwort.

Würfelspiel

Die Spielregeln bei MS sind immer gleich.
Es sind nicht die anderen,
die einen aus dem Spiel schlagen.
Sondern die eigene Einstellung.
Egal wie schlimm alles ist,
man muss an seine eigene Kraft glauben, auch wenn es nicht immer leicht ist.
Wenn man fest daran glaubt,
wird man dieses Spiel nicht so schnell verlieren.
Es wird einiges an Kraft kosten,
aber es lohnt sich.

Schlechte Gedanken und Erinnerungen

Ich versuche immer meine schlechten Gedanken und
Erinnerungen, die hin und wieder versuchen,
meinen Kopf zu besetzen,
fallen zu lassen.
Ich denke nicht ständig darüber nach,
denn nur so kann ich meinen Kopf davon erlösen.

Angst

Das Wasser steht dir bis zum Hals,
du siehst wie Uhren sich rückwärts drehen.
Es ist die Angst in dir, die dich so beherrscht,
dass du dich selber nicht mehr kennst.
Und sie quält dich immer weiter,
als ob wenn bloßer Regen fällt.
Ein pausenloser Wegbegleiter,
der dich nirgendwo in Ruhe lässt.

(Quelle 2015 Textauszug aus dem Song: Angst
© Die Toten Hosen)
http://www.lyricsmania.com/angst_lyrics_die_toten_hosen.html

Schenk mir ein Wunder.
Sag mir, dass es sie noch gibt
Schenk mir ein Wunder.
Folgt auf Schatten wirklich Licht?
Ich wünsch es mir.
Schenk mir ein Wunder.
Ich wünsch es mir.
Schenk mir ein Wunder.
Ich wünsch es mir.

(Quelle 2015 Textauszug aus dem Song: Schenk mir ein Wunder
© Unheilig)
http://www.lyricsmania.com/schenk_mir_ein_wunder_lyrics_unheilig.html

Herzenswünsche – Haben Sie die?
Meiner ist ganz klar.
Für einen Tag möchte ich meine MS vergessen, nicht spüren.
Einfach das tun, was ich will.
Einen langen, ausgedehnten Spaziergang machen.
Keine Medikamente nehmen müssen.
Einfach nur den Tag genießen und sich an ihm erfreuen.
Herzenswünsche – Wunschdenken – aber träumen ist schließlich nicht verboten.

Multiple Sklerose (MS) ist eine chronisch-entzündliche Nervenerkrankung. Betroffen sind die Nerven des Gehirns und des Rückenmarks, das sogenannte Zentrale Nervensystem (ZNS).
Entzündungsherde treten dabei an unterschiedlich vielen (vielfach = multiple) Orten auf und können zur Narbenbildung (Sklerose) führen. MS kann bisher nicht geheilt, aber behandelt werden. Die Erkrankung verläuft bei jedem Menschen unterschiedlich. Deshalb wird MS auch die Krankheit mit den 1000 Gesichtern genannt.
Das Gehirn stellt mit Milliarden von Nervenzellen eine Art Schaltzentrale dar, von der Signale über das Rückenmark zum Körper gesendet oder von dort empfangen werden. Die Signale werden von verschiedenen Nervenfasern weitergeleitet, die ähnlich wie elektrische Kabel mit einer Isolierschicht, Myelin, umhüllt sind. Eine von Myelin umhüllte Nervenfaser kann einen Impuls etwa zehnmal schneller weiterleiten als eine, der das Myelin fehlt.
MS schädigt in den Entzündungsherden diese Isolierschicht und behindert damit die reibungslose und schnelle Weiterleitung der Signale. Bildlich gesprochen wird aus einem ICE ein Regionalzug. Je nachdem, welche Nervenfasern betroffen sind, treten unterschiedlichste Beschwerden auf – von Sehstörungen über Blasenschwäche bis zum unsicheren Gang.
MS ist die häufigste chronisch entzündliche Erkrankung des Zentralen Nervensystems im jungen und mittleren Erwachsenenalter, die zu einer dauerhaften Behinderung führen kann.

Nach dem derzeitigen Stand ist die Multiple Sklerose eine Autoimmunerkrankung, bei der zusätzlich genetische und epidemiologische Faktoren eine Rolle spielen. Die genaue Ursache ist trotz vielfältiger Forschungsbemühungen der letzten Jahre, die zu neuen Erkenntnissen über Entstehungsursachen und damit auch zu neuen Therapieoptionen geführt haben, bis heute nicht bekannt.

(Quelle © 2015 http://www.amsel.de/multiple-sklerose/)

MS lässt noch viele Fragen unbeantwortet. Der Verlauf und die Beschwerden sind von Patient zu Patient unterschiedlich. Prozentual erkranken mehr Frauen als Männer zwischen dem 20. und 40. Lebensjahr daran.
Der Verlauf ist individuell sehr verschieden, vor allem die Art und Schwere der Symptome. Hier unterscheidet man zwischen drei verschiedenen Verläufen:

Schubförmiger Verlauf:

Hier treten plötzlich und in unregelmäßigen Abständen Beschwerden auf, die sich danach vollständig oder teilweise wieder zurückbilden.

Sekundär chronisch-progredienter Verlauf:

Hier beginnt die MS auch erst schubförmig, jedoch entwickelt sie sich später in die progrediente Form, bei der zunehmend Beeinträchtigungen auftreten und die Rückbildung der Symptome nach einem Schub immer unvollständiger erfolgt. Bei anderen Patienten wiederum verläuft die MS sehr langsam und möglicherweise tritt erst Jahrzehnte nach dem ersten ein weiterer Schub auf. Hier können sich Phasen der raschen und langsamen Verschlechterung sowie relativ stabile Phasen abwechseln.

Primär chronisch-progredienter Verlauf:

Hier treten von Krankheitsbeginn keine Schübe auf und es kommt zu einer fortschreitenden Zunahme von Symptomen und Beeinträchtigungen. Die Beschwerden nehmen kontinuierlich zu. Hier gibt es keine Rückbildung der Symptome.

Auch wenn die Verlaufsform der Krankheit bekannt ist, lässt sich der weitere Krankheitsverlauf trotzdem nicht individuell vorhersagen. Die MS kann jederzeit in der aktuell bestehenden Form stehen bleiben, entweder für längere Zeit, selten auch für immer. Sie kann aber auch enorm schnell fortschreiten.

MS ist nicht ansteckend, nicht tödlich, kein Muskelschwund und keine psychische Erkrankung. Auch wenn es immer mehr

Medikamente gibt, die das Leben mit MS erleichtern oder den Krankheitsverlauf hinauszögern – MS ist nach wie vor nicht heilbar!

Zahlreiche Internetplattformen bieten MS-Betroffenen und ihren Angehörigen die Möglichkeit, sich über die Krankheit zu Informieren.

Eine hilfreiche Seite ist die der Deutschen Multiple Sklerose Gesellschaft (DMSG). Sie vertritt die Belange von Menschen, die an MS erkrankt sind und organisiert deren sozialmedizinische Nachsorge.

http://www.dmsg.de/multiple-sklerose-news/index.php?w3pid=news&kategorie=aktuelles&kategorie2=uebersicht

Eine sehr informative Seite bietet die von Merck Serono: „Leben mit MS“. Wie auch bei der DMSG dreht sich hier alles um diese Krankheit. Verständlich erklärt, übersichtlich, auf dem aktuellen Stand und mit den neusten Nachrichten zum Thema MS bestückt.

https://www.leben-mit-ms.de

Eine ebenso interessante Seite ist das Multiple Sklerose Portal amsel.

http://www.amsel.de/multiple-sklerose-news/

MS-Patienten sind aus meiner Sicht zu bewundern!

Da die Erkrankung erst mit einigen kleinen „Unregelmäßigkeiten“ beginnt, bevor irgendwann einmal die Diagnose gestellt wird, befassen sich die Patienten(innen), in der Mehrzahl junge Frauen, sehr schnell mit ihrer Krankheit. Sie lernen diese zu akzeptieren, verfallen nicht in eine tiefe Depression, sondern fangen an, sich ihrer Krankheit zu stellen. Sie sind lebensbejahend, voller Zuversicht und geben sich und ihr Umfeld nicht auf. Sie arbeiten, falls möglich, noch in ihrem Beruf, selbst wenn sie im Rollstuhl sitzen. Haben oft eine eigene Familie, die ebenfalls hilfreich zur Seite steht.

Sie wollen auch ein Vorbild sein - kein Mitleid auslösen, sondern integriert sein im täglichen Alltag, mit seinen schönen, aber auch unangenehmen Seiten. Sie schreiben z.B. Bücher, leiten Selbsthilfegruppen, helfen und unterstützen andere Menschen mit den verschiedensten Sorgen und Krankheiten, das heißt, in ihrem Blut liegt eine Art „Helfersyndrom“.

MS-Patienten(innen) sind gut organisiert, durch die digitale Welt miteinander verbunden und daher auch niemals allein. Die meisten MS-ler nehmen ihre Krankheit an und lassen sich von ihren Ärzten helfen und leiten und akzeptieren die für sie bestmöglichste neue Behandlungsmethode. Denn nur so haben sie die Chance auf ein langes, wenn auch eingeschränktes Leben. Von daher ist ihre Perspektive eine ganz andere als z.B. bei einem Krebspatienten. Sie legen auch viel mehr Wert auf Solidarität von Familie und Freunden.

Da die immer besser werdende „Gerätemedizin“ MS-Kranken mehr Mobilität ermöglicht, wie z.B. das Benutzen öffentlicher Einrichtungen, Kinos, Restaurants oder Geschäften, finden auch kaum mehr Ausgrenzungen statt.

MS-Kranke haben eine Zukunft, und solange der Verstand mitspielt, in vielen Dingen eine akzeptable Lebensführung.

Wichtig ist und bleibt das Vertrauen des/der Patienten(innen) zu seinem/ihrem Hausarzt und Neurologen, der immer der erste und letzte Ansprechpartner ist und bleibt über viele Jahre und Jahrzehnte.

Ganz nach dem Motto: Einer für alle, alle für einen!

Ich kann so viel über Begegnungen mit den lieben Mitmenschen da draußen erzählen, dass dies hier den Rahmen sprengen würde. Also werde ich einfach mal etwas aus dem Nähkästchen plaudern.

Erst einmal braucht Ihr wirklich keine Angst vor uns zu haben. Wir tun euch nichts und stecken euch auch nicht an.

Es ist nicht nötig, einen Kommentar abzugeben, wenn Ihr seht, wie wir uns fortbewegen. Glaubt mir, wir machen das nicht, um euch zu belustigen. Es geht einfach nicht anders.

Straft auch bitte nicht die Menschen, die bei uns sind, mit Blicken oder Kommentaren. Sie machen das aus freien Stücken und schämen sich nicht dafür, mit jemandem wie uns gesehen zu werden.

Auch tut es nicht weh, wenn Ihr uns mal eine Tür aufhaltet. Es ist nicht leicht, wenn man mit seinem Hilfsmittel, wie Stock, Rollstuhl oder Rollator, den Kampf gegen eine Tür aufnimmt. Sie wollen halt manchmal nicht so wie wir. Also bitte nicht wegschauen, oder sich sogar darüber amüsieren, sondern in Aktion treten und helfen. Wir werden darüber erfreut sein und schon hat man mit einer kleinen Aktion eine gute Tat vollbracht.

Ebenso braucht Ihr uns nicht zu bemitleiden, wenn Ihr uns seht. Wenn es ehrlich gemeint ist, ist das etwas anderes, aber diese Mitleidsnummer muss wirklich nicht sein. Wir wissen selbst und spüren es täglich, wie gut oder schlecht es uns geht.

Ihr braucht uns aber auch nicht jedes Hölzchen und Stöckchen vor den Füßen wegzuräumen und uns in Watte zu packen, nur weil wir in der Bewegung eingeschränkt sind. Sicher, Hilfe anbieten ist gut, aber man muss es nicht übertreiben, denn so hilflos, wie Ihr glaubt, sind wir nicht. Und sollten wir einmal eure Hilfe dringend benötigen, werden wir es schon sagen. Dann ist es immer noch früh genug, dass Ihr uns zur Seite steht. Dieses Angebot wird dann auch gerne angenommen.

Das nächste Problem ist die Urlaubsreise. Ja, auch wir wollen verreisen. Jedoch wenn man wie ich mit Rollstuhl und Rollator reist, dann dazu noch das normale Gepäck hat, sieht es immer so aus, als wenn man ausziehen würde. Da ist es nicht immer leicht, so viel Gepäck im Auto zu verstauen. Natürlich muss der liebe und wachsame Nachbar alles genau beobachten und kluge Ratschläge geben. Natürlich weiß er genau, wie man so eine Menge Gepäck verstaut und muss einem dabei das Gefühl geben, dass man selber völlig unfähig dazu ist. Aber glaubt nicht, dass er helfen würde. Viele Menschen sind gut mit dem Mund, aber wenn dann Taten folgen sollen, finden sie immer einen Grund, warum sie gerade in diesem Augenblick nicht helfen können. Bemerkungen wie, mein Telefon klingelt, da muss ich jetzt aber schnell dran gehen, ist bestimmt wichtig, verschaffen einem da immer ein Alibi.

Allerdings habe ich zum Thema Reisen auch sehr positive Erfahrungen gemacht, die man nicht verschweigen darf. Ich habe die Erkenntnis gemacht, wenn man mit dem Flugzeug reist, um fremde Länder zu besuchen, man auf viel Hilfe zählen kann. Und selbst die Menschen in den fremden Ländern (und damit meine ich Länder, die nicht unbedingt so im Mittelpunkt des Weltgeschehens stehen) gehen mit einem meist so offen und selbstverständlich um, als wenn es das Normalste der Welt ist, einem behinderten Menschen zu begegnen. Sie sehen nur den Menschen in dir und nehmen dich so, wie du bist, und das ist ein gutes Gefühl. Sicher haben einige auch hier schlechte Erfahrungen gemacht, aber meine sind nur positiv und auch das sollte dann erwähnt werden.

Eine Gattung Mitmenschen darf natürlich nicht vergessen werden. Das sind diejenigen, die über alles Bescheid wissen. Haben sie erst erfahren, an was für einer Krankheit man leidet, kennen sie mit Sicherheit mehr als genug andere Leute in ihrem Bekanntenkreis, die auch diese Krankheit haben, egal wie selten sie ist. Man hat schließlich in einer Zeitung darüber gelesen und kann sich nun „Experte“ nennen. Daher müssen sie auch sofort ihr Fachwissen weitergeben und einen mit klugen Ratschlägen bombardieren. Denn wenn so etwas in der Zeitung steht, stimmt das natürlich auch alles. Deshalb wissen sie auch, was gut für einen ist und was nicht. Stand auch in der Zeitung. Ich habe die Erfahrung gemacht, dass die Leute, die es nicht an die große Glocke hängen, diejenigen sind, die sich mit meiner Krankheit beschäftigen und auseinandersetzen. Sie müssen sich nicht wichtig machen und in den Vordergrund spielen und helfen einem damit viel mehr.

Bitte steckt uns nicht in irgendwelche Schubladen. Damit tut Ihr uns keinen Gefallen, denn da wieder herauszukommen ist sehr schwer. Nehmt uns einfach so wie wir sind. Hinter jedem von uns steckt eine Persönlichkeit mit Gefühlen. Das solltet Ihr immer bedenken, bevor Ihr handelt. Dies erfordert etwas Mitdenken, aber ich glaube, das bekommt Ihr alle hin.

Nun noch etwas zum Schluss: Was in mir wirklich die Wut hochsteigen lässt, sind die lieben Menschen, die meinen, nur weil man körperlich eingeschränkt ist, ist man auch gleichzeitig geistig krank. Sicher gibt es auch diese Kombination, aber jeder körperlich Behinderte ist nicht gleich auch geistig krank. Ihr meint Ihr tut uns etwas Gutes, wenn Ihr mit uns sprecht, wie mit einem Baby und uns auch so behandelt. Und selbst wenn ein Mensch geistig behindert ist, gehört sich so etwas nicht. Mit uns allen kann man in ganzen Sätzen sprechen. Versucht es doch einfach mal. Ihr werdet euch wundern. Wir verstehen euch, obwohl ihr normal redet.

So, dies soll nun genügen, obwohl ich noch genug Stoff hätte. Denn es gibt auch noch die lieben Behörden, Ärzte oder öffentlichen Einrichtungen, mit denen man schon alleine ein Buch füllen könnte.

Die von mir geschilderten Situationen sind persönliche Erlebnisse und treffen natürlich nicht auf jeden zu. Sicher haben einige von euch jetzt den Kopf geschüttelt, als sie das gelesen haben, aber es waren wirklich alles reale Erlebnisse, die ich in der großen weiten Welt erleben durfte. Ich will hier wirklich nicht alle über einen Kamm scheren. Es gibt genug von Euch, die sich wirklich um uns bemühen und es ernst mit einem meinen. Aber leider gibt es auch genug von denen, über die ich hier berichtet habe. Vielleicht ertappt ihr euch selbst bei dem einen oder anderen Punkt, wo ihr uns unbewusst auf die Füße getreten seid.

Immer an die goldene Regel denken, dann kann nichts passieren:

„Was du nicht willst, das man dir tut,

das füg' auch keinem andern zu."

Ein Tag im Frühjahr 1991 ...

Ein Tag wie eine Naturkatastrophe ...

Ein Tag, der unser Familienleben nachhaltig verändert hat ...

1990 berichtete uns unsere Tochter Britta von einer „Unsicherheit beim Gehen", die aber nach einigen Tagen nicht mehr bestand. Wir nahmen an, dass es sich um die Auswirkungen einer leichten Verletzung handelte, die sie sich beim Handballsport zugezogen hatte. Weitergehende Gedanken haben wir uns nicht gemacht.

Britta war gerade 19 Jahre alt. Sie befand sich in der Berufsausbildung zur Versicherungs-Kauffrau. Ihr Leben lief rund und Zukunftspläne schob sie vor sich her. Erst einmal die Ausbildung zu Ende bringen und sich dann mit der Lebensplanung beschäftigen. Sie genoss ihr Leben im Kreise ihrer Freunde. Aber „die Unsicherheit beim Gehen" kam wieder. Ferner traten „Sehstörungen" auf. Erneut verschwanden diese Symptome nach einigen Tagen. Wir rieten unserer Tochter zu einem Arztbesuch, aber sie ignorierte unseren Hinweis.

Meine Frau und ich waren über diese Beschwerden, auch wenn sie nach wenigen Tagen nicht mehr vorhanden waren, sehr beunruhigt. Wir mussten etwas unternehmen. In der Nachbarschaft wohnte ein Arzt, ein Allgemeinmediziner. Wir haben uns mit ihm darüber unterhalten. Seine Vermutung:

Multiple Sklerose (MS). Von dieser Erkrankung hatten wir bisher keine Kenntnis. Aber seine Informationen ließ uns das Blut in den Adern stocken. Besonders meine Frau, die sehr nah am Wasser gebaut ist, war den Tränen nahe. Er empfahl einen Arztbesuch bei einem Neurologen.

Von der Aussprache mit unserem Nachbarn haben wir unserer Tochter zunächst nichts gesagt. Aber jetzt war dringender Gesprächsbedarf angesagt. Die Debatte mit Britta lief völlig aus dem Ruder. Es ist uns nicht gelungen ihr begreiflich zu machen, dass sie vermutlich an „Multiple Sklerose" erkrankt ist. Mit dieser Erkrankung ist nicht zu spaßen! Aber sie blockte all unsere Besorgtheit ab. Es ginge ihr gut und sie fühle sich wohl. Wir sollten doch wegen der wenigen gesundheitlichen Störungen nicht einen solchen Aufstand machen. Sie wollte davon nichts wissen. Hier stand ihr wohl ihr Westfälischer Dickkopf im Weg.

Britta war volljährig. Das bedeutet, für ihr weiteres Leben ist sie selbst verantwortlich. Wir konnten ihre Reaktion nicht begreifen. Für meine Frau war die ganze Situation besonders schwer zu ertragen. Ich bin davon überzeugt, dass Frauen, besonders Mütter, ganz anders ticken als Männer.

Wir waren uns sicher, dass die gesundheitlichen Probleme wieder auftreten. Also ergriffen wir die Initiative und fingen an, uns über das Krankheitsbild kundig zu machen. Die Informationen waren sehr erschreckend, nein, schlimmer, zum Fürchten!

Eine gewisse Zeit war Ruhe, doch dann waren die gesundheitlichen Beeinträchtigungen wieder da, aber massiver. Das Gehen wurde sichtlich schlechter. Britta bekam die Füße nicht mehr hoch. Besonders schlimm war das rechte Bein. Jetzt endlich begriff auch unsere Tochter, dass mit ihrem Körper etwas nicht stimmte. Aber die Möglichkeit der Krankheit „Multiple Sklerose" schob sie erneut weit von sich.

Unser Hausarzt überwies sie auf ihr Drängen zu einem Orthopäden. Dieser schickte sie dann direkt an den ortsansässigen Neurologen weiter. Beim ersten Kontakt hatten wir nicht das übliche vertrauensvolle Gefühl, aber es gab keinen anderen Neurologen am Wohnort. Das Einführungsgespräch verlief nicht nach unseren Vorstellungen. Unsere Fragen wurden nicht befriedigend beantwortet. Er spielte die Schilderungen von Britta herunter. Man solle nicht mit Kanonen auf Spatzen schießen. Er ließ sich dann doch herab, Untersuchungen zu machen. Meine Frau, besonders meine Frau, und ich wurden fast verrückt, weil die Untersuchungen viel Zeit in Anspruch nahmen. Wir befürchteten schon, da Britta neben ihrem „Dickkopf" auch noch ein „Temperamentbolzen" war, dass sie mit vielen Fragen zur Untersuchung dem Arzt auf die Nerven ging. Aber sie hielt sich zurück und alles ging gut.

Dann geschah etwas Ungeheuerliches. Mir verschlug es fast die Sprache. Der Arzt wollte das Untersuchungsergebnis erst mir, dem Vater, mitteilen. Ich habe erzürnt abgelehnt. Also saßen wir zu dritt auf dem Sünderbänklein und der Arzt kam ohne Umwege zur Sache. Die Diagnose lautete: Multiple Sklerose (MS). Totenstille ... Man hätte jede, auf den Fußboden fallende, Nadel gehört. Aufgrund unserer Informationen wussten wir, was diese Diagnose bedeutete. Schockzustand bei meiner Frau und mir. Ignoranz bei Britta, keinerlei Gefühlsregung. Hatte sie nicht begriffen, was der Arzt da gerade gesagt hatte? Ein umso größerer Gefühlsausbruch bei meine Frau, Tränen, sehr viele Tränen.

Der Arzt versuchte, insbesondere Britta zu beruhigen. Worte wie: „Die Diagnose muss erst noch durch weitere spezielle Untersuchungen überprüft werden." Es gebe derzeit sehr gute Medikamente, die ein Fortschreiten der Erkrankung erheblich einschränke. Wichtig seien regelmäßige Untersuchungen, um die Erkrankung im Blick zu behalten. Der Arzt verordnete Medikamente und bat, diese auch zwingend einzunehmen. Ebenso wollte er noch eine zweite Meinung und schickte unsere Tochter ins Krankenhaus, wo aber nicht viel Neues dabei heraus kam.

Während Brittas Krankenhausaufenthalt, es waren nur einige Tage, mussten meine Frau und ich die Diagnose erst einmal sacken lassen. Meine Frau sagte immer wieder: „Warum unser Kind?" Ich erwiderte, dass diese Aussage nachvollziehbar sei, aber ungerecht gegenüber den vielen Menschen, die Tag für Tag erkranken. „Wir müssen jetzt wieder mehr Verantwortung für unsere Tochter übernehmen. Ob sie das will oder nicht", erklärte ich ihr. „Aber wir dürfen ihr nicht zu viel abnehmen und sie damit in eine Unselbstständigkeit bringen. Wir müssen sie einfach durch aktive Hilfe unterstützen, damit sie ihr zukünftiges Leben von allein auf die Reihe bekommt."

Als unsere Tochter wieder zu Hause war, zwangen wir sie dazu, uns zusammenzusetzen. Nach vielem Hin und Her waren wir uns einig, erst einmal abzuwarten. Allerdings die Wahrnehmung von gesundheitlichen Veränderungen bei Britta verstärkt zu beobachten. Eine Zerreißprobe für uns, für meine Frau die Hölle. Die Medikamente zeigten ihre Wirkung. Die Berufsausbildung ging voran. Die bestehenden Freundschaften stabilisierten sich. Die Arztbesuche wurden eingehalten. Britta hatte zu diesem Zeitpunkt alles im Griff.

Ja, dann war er da, der Tag im Frühjahr 1991 ...

Ein Tag, der unser aller Leben nachhaltig veränderte ...

Auf einmal waren die besagten Symptome wieder da. Sie konnte nicht mehr gehen. Es ging wirklich nichts mehr. Meine Frau war einem Nervenzusammenbruch nahe. Für mich als Vater war es unerträglich, unsere Tochter in dieser Verfassung zu erleben. Der Arzt reagierte sofort, endlich mal, und überwies uns direkt in ein Krankenhaus, das auf MS spezialisiert war. Er kündigte unser Ankommen telefonisch an und wies auf die Dringlichkeit hin. Irgendwie haben es meine Frau und ich geschafft, Britta mit unserem PKW dorthin zu bringen. Britta sagte im Auto: „Was habe ich nur verbrochen? Mein eigener Körper ist der Feind." ... Ich merkte, wie meine Frau bei diesen Worten schluckte und den Tränendruck ansteigen ließ. Ich sagte aber nichts.

Nach einer Vielzahl von Untersuchungen, auch schmerzhaften, die die Laune von Britta nicht verbesserten, gab es die endgültige und eindeutige Diagnose: „Multiple Sklerose". Es muss gesagt sein, diese Krankheit ist nicht heilbar. Man ist damit zwar nicht zum Sterben verurteilt. Nein, man kann damit sehr alt werden, aber wenn die Krankheit fortschreitet, kann man mit erheblichen körperlichen Einschränkungen rechnen. Diese Diagnose musste Britta erst einmal in ihren Kopf bekommen. Das braucht Zeit, viel Zeit ...

Meine Frau und ich spürten diese unerträgliche Ohnmacht, das Gefühl der Leere, sowie eine gedrückte Stimmung. Nach einer kurzen Depressionsphase war eins klar: Egal, wie schlimm es wird, wir stehen voll und ganz zu unserer Tochter. Wir mussten aber, wie bereits erwähnt, aufpassen, sie nicht mit unserer Hilfe und Fürsorge zu erdrücken und damit zu sehr zu belasten.

Nach der Entlassung aus dem Krankenhaus nahm das Leben seinen Lauf. Wir versuchten soviel Normalität an den Tag zu legen, wie halt möglich. Und es gelang uns immer, bis wieder eine Verschlechterung eintrat. Ein Auf und Ab der Gefühle, aber so etwas schweißt eine Familie noch enger zusammen als vorher. Wir erlebten am eigenen Leib, wie tückisch und hinterlistig diese Krankheit sein kann. Heute geht es dem Erkrankten noch gut und morgen ist alles anders.

Doch das Schicksal meinte es auch mal gut mit uns. Britta fand einen neuen Neurologen. Zwar außerhalb unseres Wohnortes, aber einen, der sofort vertrauenserweckend war. Auch dieser Arzt konnte keine Wunder vollbringen, jedoch bemühte er sich, das Leben von Britta zu erleichtern. Er tat genau das Richtige, was sein Kollege nicht für nötig hielt. Er hörte ihr zu und nahm sie für voll. Diese Gespräche waren sehr ergiebig und taten unserer Tochter sehr gut.

Nach einem erneuten Krankenhausaufenthalt ging es für unser Kind direkt in eine Reha. Wir empfanden diese Entscheidung für sehr sinnvoll. So konnte ich mich intensiver um meine Frau kümmern, die unter der Gesamtsituation sehr litt. Bei unseren Besuchen bekamen wir mit, dass Britta der Umgang mit anderen „MS-lern“ sehr gut tat. Wir hatten den Eindruck, dass die MS endlich gedanklich bei ihr angekommen war. Die Gespräche mit den „Mitinsassen“, vor allem mit denjenigen, denen es um einiges schlechter ging als unserer Tochter, taten ihr gut und veränderten sie positiv. Sie hatte erkannt, dass sie kürzer treten und mehr auf ihren Körper hören muss. Gesagt, getan. Nach wie vor ging ihr Temperament mit ihr durch, aber verhaltener wie bisher.

Fazit: Britta hatte ihre Bremse gefunden.

Dann überraschte sie uns mit der Nachricht, eine Reise in die USA zu buchen und zwar nach Los Angeles, Las Vegas und Hawaii. Meine Frau und ich schauten uns fragend an und glaubten nicht richtig gehört zu haben. Hatte sie ihre Bremse wieder verloren? Sie wollte doch kürzer treten? Aber es war, wie es war. Da war wieder der „Westfälische Dickkopf“. Die Reise verlief störungsfrei und tat ihr richtig gut. Noch heute schwärmt Britta davon. Die Erlebnisse kann ihr keiner mehr nehmen ...

Die Krankheit schritt peu á peu voran. Nun waren wir wieder an dem Punkt, wo Brittas Laune unausstehlich wurde und wir als Eltern der Prellbock waren. Das wiederum belastete meine Frau wieder enorm. Ich glaube, dass kein Außenstehender die Vorstellung hat, welche seelische Belastung auf einer Mutter liegt. Das Monster MS zeigte uns wieder, wozu es fähig ist.

So durchlebten wir ein Auf und Ab der Gefühle. Jedes „Hoch" wurde genutzt für Annehmlichkeiten. Jedes „Tief" musste überbrückt werden. Es war sehr beklemmend anzusehen, wie unsere Tochter immer mehr abbaute, denn jedes Tief hinterließ Spuren. Bis zu diesem Zeitpunkt hatten wir es immer noch nicht richtig geschafft, damit umzugehen. Aber wir durften auch nicht erkennen lassen, wie es in uns aussah.

Dann gab es wieder ein Highlight. Es ging mit dem Wohnmobil durch Kanada, um das Land zu erkunden. Auch diese Reise hat sie trotz ihrer Erkrankung gut überstanden. Wir waren mächtig stolz, dass unsere Tochter trotz ihres Handicaps diese Reisen gemeistert hat. Und dies sollte nicht die letzte große Reise gewesen sein, die sie trotz fortschreitender Krankheit unternahm.

Allerdings gab es auch negative Momente. Ihre Freunde wendeten sich von ihr ab. Freunde, mit denen sie durch dick und dünn gegangen ist. Freunde, für die Britta da war, als diese Hilfe brauchten. Für uns als Eltern unerklärlich und grausam. Wieder eine Erfahrung, die unser Nervenkostüm zu Hause kitzelte.

Es kam der Zeitpunkt, an dem es nicht mehr ohne Hilfsmittel ging. Zuerst ein Gehstock, später der Rollator. Nun versuchen Sie mal, einem „Westfälischen Dickkopf" klar zumachen, dass diese Hilfsmittel gut für sie sind. Wer will schon mit diesen lästigen Dingern herumlaufen? Naja, irgendwie haben wir es wieder geschafft, sie zu überzeugen.

Später haben wir dann festgestellt, dass der Rollator auch ein Spaßfaktor sein kann. Wir waren gemeinsam mit ihm unterwegs. Aber irgendwann machte Britta schlapp, setzte sich auf diesen besagten Gehwagen und ich schob sie. Und damit haben wir zur Belustigung unserer Mitmenschen beigetragen. Wer hätte das gedacht? Auf unsere Fragen: „ Was ist daran lustig? Möchten Sie etwas wissen?“, bekamen diese nur hochrote Köpfe und zogen eilig davon. Leider mussten wir am eigenen Leib feststellen, dass für Menschen mit einem Handicap in unserer Gesellschaft nur sehr wenig Toleranz besteht, leider!

Im Laufe der Zeit wurde unser Zusammenleben immer besser. Wir spielten uns aufeinander ein. Hin und wieder gab es noch Reibungspunkte in Bezug auf die Erkrankung. Aber wir sahen das als normalen Generationskonflikt an. Dennoch blieb das hilflose Gefühl, weil man das Fortschreiten der Erkrankung nicht stoppen konnte. Schließlich will man seinem Kind einen starken Rückhalt geben. Da darf man als Eltern nicht schwächeln. Ein sehr schwieriges Vorhaben.

Durch einen glücklichen Zufall wurde die Lebensfreude von Britta erheblich gesteigert. Ein Reitstall eröffnete in der Nähe seinen Betrieb. Pferde waren schon immer ihr Leben, also hurtig, mit der besten Freundin im Schlepptau, dorthin! Britta wurde dort mit ihrem Handicap akzeptiert. Alle in diesem Stall, ob jung oder alt, groß oder klein, waren aufgeschlossen und hilfsbereit. Unsere Tochter blühte sichtlich auf, war entspannt und für ihre Verhältnisse ausgeglichen, wenn sie von ihren geliebten Pferden kam. Allerdings waren wir uns sicher, dass es nicht nur die Pferde waren. Britta liebte Tiere schon immer. Da dort zusätzlich noch Hunde, ein Schweinchen und eine Katze lebten war das Gesamtpaket perfekt. Das Krankheitsbild stabilisierte sich. Für uns als Eltern ein Zeitraum zum Durchatmen und Auftanken, aber immer mit der Angst und dem Gedanken: „Wann kommt der nächste Rückschlag?“

Im Herbst 2007 war es dann so weit. Die MS meldete sich wieder richtig zu Wort, und zwar diesmal so gewaltig, dass es das Allerschlimmste befürchten ließ. Wieder ein längerer Krankenhausaufenthalt und anschließend sofort in die Reha. Für uns erneut ein Wechselbad der Gefühle. Diesmal blieben sehr viele Spuren zurück. Also wurde ein Rollstuhl verordnet, da für unsere Tochter nur noch sehr kurze Wegstrecken zu bewältigen waren. Wir hatten schon Angst, wie sie damit umgehen würde, aber erstaunlicherweise hat Britta den Rollstuhl nach kurzer Zeit akzeptiert, weil dieser fahrbare Untersatz sehr gute Dienste leistete. Ein längerer Spaziergang oder z.B. ein Zoobesuch sind jetzt für uns alle ein unbeschwertes Erlebnis. Erstaunlicherweise wird ein Rollstuhl von den Mitmenschen eher toleriert, als ein Rollator. Ja ja, der Mensch das unbekannte Wesen …

Im Herbst 2010 überraschte uns unser Kind erneut und zwar mit der Nachricht, dass sie ein Manuskript für einen Jugendroman mit dem Titel „Willkommen zu Hause, Amy“ geschrieben habe. Britta hat sich vor Lachen gekrümmt, als sie unsere ungläubigen Gesichter sah. Schade, dass wir sie nicht selbst sehen konnten. Wir hätten es nie für möglich gehalten, dass sie einmal anfängt zu schreiben, aber eines wussten wir: Britta hatte schon immer sehr viel Fantasie.

Meine Frau hat das Manuskript förmlich verschlungen. Ich, für meinen Teil, habe es erst später gelesen. Ich muss fairerweise sagen, dass mich der Buchinhalt bzw. die Erzählung beeindruckt hat. Dann kam im Februar 2011 der lang ersehnte Tag. Britta hielt ihr erstes, selbstgeschriebenes Buch in Händen. Diese leuchtenden Augen werden wir nie vergessen.

War dieses Buch für Britta ein neuer Anfang?

Die Antwort dazu: ein eindeutiges „JA!".

Wir haben noch etwas hinzugefügt: Britta die Stehauffrau ...

Bedingt durch die Krankheit von Britta war unser Zusammenleben bereits ein fester Verbund geworden. Brittas neues Hobby, das Schreiben von Büchern, hat uns noch enger zusammen geschweißt, weil sie es zugelassen hat, uns als Eltern in diese Tätigkeit mit einzubinden. Es war eine Freude mit anzusehen, welche Energie sie trotz ihrer schweren Krankheit wieder entwickelt hatte. In vielen Fällen haben wir sie sogar bremsen müssen, weil zu viel Hektik oder Stress für die Krankheit nicht förderlich sind.

Schwere Krankheitsschübe sind bisher nicht mehr erfolgt. Aber man muss sehr wachsam bleiben, um die möglichen vielen kleinen körperlichen Veränderungen zu erkennen. Denn MS schläft nicht. Eine mögliche neue Verschlechterung kann urplötzlich kommen, wie der Ausbruch eines Vulkans. Dessen sind wir uns bewusst.

Wir hoffen, dass der derzeitige Gesundheitszustand noch sehr, sehr lange anhält. Wir als Eltern stehen ihr nach wie vor in allen Lebenslagen zu Seite. Und sollte doch noch etwas Schlimmeres auf uns zukommen, so werden wir das auch gemeinsam meistern.

Unser gemeinsamer Kernspruch lautet: Entschlossenheit und Optimismus prägen heute unser Familienleben ...

Multiple Sklerose - Encephalomyelitis disseminata – MS

MS ist eine chronische-entzündliche Erkrankung. Die Myelinschicht, die die Axone der Nervenzellen umgibt, wird durch entzündliche Herde beschädigt. Es entsteht Narbengewebe, das nicht in der Lage ist, Nervensignale fehlerfrei weiterzuleiten. Die Ursache ist trotz großer Forschungsanstrengungen noch nicht geklärt.

Multiple Sklerose (MS) wird häufig auch als, die Krankheit mit den 1000 Gesichtern‘ bezeichnet. Dies gilt sowohl für die Symptome als auch für den Verlauf. Dieser ist von Patient zu Patient völlig unterschiedlich. Manche Betroffene haben noch viele Jahre nach Beginn der Krankheit Ruhe und keine nennenswerten Beschwerden. Bei anderen schreitet die Krankheit schnell voran und führt in kürzester Zeit zu erheblichen Beeinträchtigungen.

Da MS von Patient zu Patient völlig unterschiedlich und bis dato unheilbar ist, kann diese tückische Krankheit schwer diagnostiziert werden und vieles bleibt ungeklärt. Jeder MS-ler muss für sich selbst den richtigen Weg finden, um mit „seiner MS“ zurechtzukommen und dagegen anzukämpfen.

MS ist ein nicht einzuschätzender Gast. Wer daran erkrankt, hat eine lebenslängliche Verabredung mit einer Krankheit, die tückisch und hinterlistig ist. Eine Krankheit, die alles abverlangt, da MS auch viele nicht sichtbare Symptome aufweist.

Wir MS-ler sind keine Simulanten und spielen Euch auch nichts vor! Die Krankheit endet nicht immer im Rollstuhl und ist auch nicht tödlich. Es ist eine ernsthafte und tragische Krankheit, jedoch ist der Zug noch lange nicht abgefahren. Das Leben geht weiter … eben nur anders als bisher. Auch mit so einer Krankheit kann das Leben noch Spaß machen und einen Sinn ergeben. Denn nur wer aufgibt, hat verloren.

„Du und ich - und auch sonst keiner - kann so hart Zuschlagen wie das Leben!
Aber der Punkt ist nicht der, wie hart einer zuschlagen kann …
Es zählt bloß, wie viele Schläge man einstecken kann und ob man trotzdem weitermacht.“

(Rocky Balboa)

Ich will – Ich muss

Ich musste lernen, meine Lebenseinstellung aufgrund
des MS-Monsters zu ändern.
Ich musste mein Alltagsleben neu organisieren.
Das Unkalkulierbare: Wie wird der nächste Tag?
Eine sehr schwierige Herausforderung an mich selbst.

Vier Wörter sollen, nein müssen mein ständiger
Leitfaden sein:
Ich will - ich muss.

Ich will:

Ich will mein Leben weiterhin genießen und daran
teilhaben, auch wenn mich meine Erkrankung jeden Tag
daran erinnert, dass vieles nicht mehr so geht wie bei
einem gesunden Menschen.
Die MS fordert mich, versucht mich in die Knie
zu zwingen.
NEIN, das lasse ich nicht zu ...
Mein Hirnkasten hält stetig dagegen und hat bis heute gesiegt.

Ich muss:

Ich muss die Krankheit akzeptieren!
Ich muss einen Kampf führen, von dem ich weiß,
dass ich letztendlich unterliegen werde.
Aber solange meine Energie nicht versagt, werde ich
kämpfen, kämpfen, kämpfen ...

Mein Ventil

Der Mensch, der körperlich eingeschränkt ist, sucht nach einem Weg, um diese Einschränkungen auszugleichen. Trotz meiner Erkrankung hatte ich noch genug Energie, die sich im Laufe der Zeit aufgrund meiner Untätigkeit, in ein starkes körperliches Druckgefühl änderte. Dieser Zustand musste schnellstens geändert werden! Aber wie?

Ich fand eine Lösung: ein gedankliches Ventil!

Bei mir hat das Schreiben den Druckabbau bewirkt. Gesunde Menschen treiben Sport oder andere Aktivitäten, um überschüssige Energie abzubauen. Ich dagegen hämmere jetzt auf der PC-Tastatur herum und lasse meinen Gedanken und meiner Fantasie freien Lauf.

Ein befreiendes Erlebnis ...

Schreiben als Therapie – mir tut das richtig gut! Dadurch habe ich nicht mehr so viel Zeit über meine unheilbare Krankheit nachzudenken. Ich kenne eine Vielzahl von erkrankten MSlern, die sich in ihr Schneckenhaus zurückziehen und am realen Leben nicht mehr teilnehmen wollen.

Was bringt das: ÜBERHAUPT NICHTS!

Ich bin froh und dankbar dafür, dass ich ein Ventil gefunden habe, meine Energie sinnvoll einzusetzen. Für mich ist das Schreiben ein Spaßfaktor geworden, der mir inzwischen sehr am Herzen liegt und so soll es auch in Zukunft bleiben. Was will ich man mehr ...   Und was ist Ihr Ventil?

Autorin Britta Kummer (K) im Gespräch mit ihrem Physiotherapeuten Herrn E. (E). Dieser gibt interessante Einblicke in seinen Beruf und mit der Zusammenarbeit eines MS-lers, die auch für ihn immer wieder aufs Neue interessant ist.

Herr E. arbeitet schon seit über 25 Jahren als Physiotherapeut und hat dank seiner langen Berufserfahrung auch schon mit vielen MS-lern zusammengearbeitet. Er sagt selbst darüber, dass es gar nicht so einfach ist, mit einem neurologisch erkrankten Menschen zusammenzuarbeiten, da es immer ein Auf und Ab der körperlichen Belastbarkeit gibt. Jeder Tag ist anders und macht es somit unmöglich, eine Therapie vorher auszuarbeiten, geschweige denn zu planen. Flexibilität ist angesagt. Aber genau das macht es für ihn interessant. Zu improvisieren und genau dann alles rauszuholen, was machbar ist und man seinem Patienten damit genau zur richtigen Zeit helfen kann, den bestmöglichsten Trainingseffekt zu geben.

(K): „Wir arbeiten nun seit fast zwei Jahren zusammen. Für mich ein absoluter Glücksgriff, da für mich Krankengymnastik in der Vergangenheit eher lästiger Ballast und die Motivation gleich Null war. Inzwischen ist das anders. Sie sind ein Therapeut, der seinen Patienten zu nichts zwingt, ihn das machen lässt, wozu er gerade in der Lage ist und wo auch mal gelacht werden darf. Das kenne ich auch anders. Es gibt genug Kollegen von Ihnen, die mit aller Macht Dinge erzwingen wollen, die dann aus meiner Sicht kontraproduktiv sind. Ist wirklich an den Worten „manchmal ist weniger mehr“ etwas dran, um das bestmögliche Ergebnis zu erzielen?“

(E): „Ja, aus meiner Sicht schon.“

(K): „Ich bin ja nun die Gattung Patient, der immer versucht hundert Prozent oder mehr zu geben und deshalb auch öfter über das Ziel hinausschießt. Was auch nicht immer förderlich für das eigene Wohlbefinden ist, denn es schmeißt einen meist wieder zurück. Aber sicher haben Sie auch genug Patienten, die genau anders sind, nämlich faul, zu nichts zu motivieren. Welche Gattung ist Ihnen lieber? Besser gefragt, wo macht die Zusammenarbeit mehr Spaß? Ist es einfacher den Patienten auszubremsen, als ihn immer voranzutreiben?“

(E): „Mit Patienten die motiviert sind macht die Zusammenarbeit mehr Spaß, aber natürlich ist auch das Krankheitsbild davon abhängig.“

(K): „In Ihrem Beruf ist Fingerspitzengefühl gefragt. Die Patienten, die Sie bereits gut kennen, können Sie ja gut einschätzen. Sie kennen unsere Macken. Aber wie ist das bei neuen Patienten? Hat man da vorher schon so ein Gefühl oder besser gesagt kann ausmachen, wie die Neuen so ticken? Schließlich sind Sie schon lange im Geschäft. Kann man im Vorfeld wirklich schon einschätzen, ob diese Zusammenarbeit gut oder nicht so gut wird? Sicher ist hier auch wichtig, ob die Chemie am Anfang direkt stimmt, denn das ist, zumindest aus meiner Sicht, das A und O für eine gute Zusammenarbeit.“

(E): „Während der weiteren Behandlung stellt man erst fest wie die Neuen so ticken. Im Vorfeld kann man noch nicht einschätzen, wie die Zusammenarbeit sein wird. Und ob die Chemie stimmt, zeigt sich auch erst nach einigen Behandlungen."

(K): „Würden Sie einen Ihrer Patienten zu einem Kollegen schicken, wenn Sie das Gefühl haben, die Zusammenarbeit klappt nicht oder besser gesagt, sie hilft dem Patienten nicht? Schließlich sollte das Wohl des Patienten im Vordergrund stehen oder denkt man da auch etwas egoistisch, weil man an die eigene Existenz denken muss? Schließlich wissen wir beide, dass es mit den Verordnungen nicht immer so leicht ist und auch ein Therapeut daran denken muss, seine Schäfchen im Trockenen zu haben."

(E): „Ja, ich würde einen Patienten zu einem Kollegen schicken. Denn es hilft dem Patienten nicht, wenn die Zusammenarbeit nicht klappt und ich würde so auch mit meiner Arbeit nicht zufrieden sein."

(K): „Für neue Physiotherapiepraxen sicher nicht einfach, wenn der Kundenstamm noch nicht groß ist. Man bekommt immer wieder mit, dass neue, frische Therapeuten sehr schnell eine eigene Praxis eröffnen, ohne vorher einiges an Berufserfahrungen wie z.B. in Krankenhäusern oder Rehakliniken zu sammeln. Was ist aus Ihrer Sicht besser? Schließlich könnte man in solchen Häusern schon Kontakte mit eventuell späteren Patienten knüpfen. Was würden Sie Neuanfängern raten?"

(E): „Ich finde es sehr sinnvoll, vorher Erfahrungen in freien Praxen oder Krankenhäusern zu sammeln."

(K): „Was macht aus Ihrer Sicht einen guten Therapeuten aus?"

(E): „Einfühlungsvermögen, zuhören können, den Patienten ernst zu nehmen, gutes fachliches Wissen und dem Patienten vermitteln zu können, welches die richtige Behandlungsmethode ist."

(K): „Wollten Sie schon immer mit Menschen zusammenarbeiten, also den direkten Kontakt zum Mensch oder hätten Sie sich auch vorstellen können, in einem Büro zu arbeiten?"

(E): „Ich wollte schon immer mit Menschen arbeiten. Ein Bürojob wäre undenkbar für mich."

(K): „Ich kann mir gut vorstellen, dass einem der eine Patient mehr am Herzen liegt als der Andere. Aber was ist, wenn so ein Patient verstirbt? Ist ja nicht an den Haaren herbei gezogen, wenn man mit Menschen, die meist körperlich nicht auf der Höhe oder alt sind, zusammenarbeitet. Wie geht man damit um? Schließlich kann man so etwas nicht alles mit nach Hause nehmen. Man sollte schon lernen, Privat von Beruf zu trennen. Ist da eine lange Berufserfahrung von Vorteil, mit dieser Situation umzugehen. Ich stelle mir das als sehr schwer vor?"

(E): „Durch eine lange Berufserfahrung und die damit verbundene Häufigkeit dieser Situation lernt man damit umzugehen."

(K) „Für uns als Erkrankte ist es nicht immer leicht, regelmäßig Verordnungen vom Arzt zu bekommen. Entweder liegt es am Budget oder daran, dass die Krankenkasse bestimmte Behandlungen nicht übernimmt. So wie zum Beispiel die Hippotherapie. Es ist bekannt, dass bei Patienten mit MS bei einer regelmäßigen Hippotherapie sowohl Spastiken als auch Störungen des Gleichgewichtes und der Gehfähigkeit wesentlich verbessert werden können. Für Sie als Therapeut ist es doch sicherlich auch nicht immer so einfach mit den Krankenkassen und Ärzten?“

(E): „Ich habe die Erfahrung gemacht, dass Ärzte auf jeden Fall gewillt sind, alles Mögliche für ihre Patienten zu tun. Leider sind ihnen aber wegen der Vorgaben der Krankenkassen die Hände gebunden. (Regressforderung bei Überschreitung des Budgets)“

(K): „Aber züchtet man sich mit so etwas nicht eine kranke Gesellschaft? Sicher, es ist ein hoher Kostenpunkt für die Kassen, aber es gibt schließlich auch genug gesunde Menschen, die nicht auf Behandlungen angewiesen sind und somit nicht so große Kosten erzeugen. Ich weiß, es ist ein heikles Thema. Für uns als Betroffene ist unser Gesundheitssystem nicht immer leicht zu verstehen, auch wenn es bestimmt besser ist als in anderen Ländern. Wie denken Sie darüber? Schließlich hat das ja auch etwas mit Ihrem Beruf zu tun, wenn immer weniger verordnet wird. Denn auf die Dauer lässt sich so etwas für uns nicht privat finanzieren.“

(E): „Man hat das Gefühl, dass für die Zukunft noch mehr Polykliniken (Polyklinik ist ein Krankenhaus bzw. eine Klinik oder Krankenhausabteilung für ambulante Untersuchung und Behandlung von Patienten) eröffnet werden, um Kosten zu sparen, da dort schließlich alles vor Ort ist. Für uns als Therapeuten sowie für die ortsansässigen Ärzte wäre das schädigend."

(K): „Wie sieht Ihr Wunschpatient aus?"

(E): „Der Patient sollte kritisch sein, über Informationen und Ratschläge des Therapeuten nachdenken, nicht gleich sagen „das bringt sowieso nichts" und diese gegebenenfalls auch versuchen alleine für sich (sofern das die körperliche Situation erlaubt) fortzuführen. Ganz wichtig ist natürlich, dass der Patient bereit ist mitzuarbeiten, aber auch verstehen muss, auch wenn die gemeinsame Zusammenarbeit gut läuft, der Therapeut keine Wunder vollbringen kann."

(K): „Danke, dass Sie sich meinen Fragen gestellt haben. So können Außenstehende vielleicht erkennen, dass der Beruf Therapeut nicht immer nur etwas mit Hand auflegen und guten Ratschlägen erteilen zu tun hat. Dass es ein wirklich harter Job ist. Ich für meinen Teil freue mich schon auf unseren nächsten Termin. Frei nach dem Motto: Wir geben Gas, wir haben Spaß."

Matthias Claudius (deutscher Dichter *15.08.1740 †21.01.1815) sagte: „Wenn jemand eine Reise tut, so kann er was erzählen."

Das stimmt, und wenn man als MS-ler reist, kann das schnell zu einem Abenteuer werden. Zum normalen Gepäck kommen dann auch noch ein Rollator und ein Rolli hinzu. Natürlich darf das Zusatzmaterial wie Akku und Ladegerät nicht fehlen. Und um das alles erst einmal in einem Auto zu verstauen, bedarf es schon eines logistischen Talents.

Handgepäck wird dann auch noch benötigt, um die vielen Medikamente griffbereit zu haben. In meinem Fall sind das mehrere, sodass an einem Grenzübergang durchaus die Möglichkeit bestünde, als Drogenkurier angesehen zu werden. Zum Glück blieb mir das bisher erspart. Ich will mir gar nicht ausmalen, wie man jemandem erklärt, der möglicherweise meine Sprache nicht spricht, dass es sich um eigene Medikamente handelt, auf die man angewiesen ist, und nicht um Drogen! Hilfreich ist es da auch nicht, dass die Pillen in verschiedenen Farben und Größen vorhanden sind. Zugegeben, für Außenstehende kann dies schon sehr verdächtig aussehen.

Die Flugreise selbst kann durchaus noch abenteuerlicher werden. Ich sah, wie der Kontrolleur an der Gepäckannahme einen dicken Hals bekam. Ein Fluggast mit zwei Gepäckwagen. Man konnte seine Gedanken lesen: „Oje, warum muss ich immer solche Leute überprüfen?“ Aber da grinst man einfach. Schließlich ist man höflich. Lag ja nichts Besonderes vor. War nur Gepäck ...

Nachdem dann alles aufgegeben war, verspürte man die Erleichterung des guten Herrn und sogar er brachte ein Grinsen hervor. Geht doch! Jedoch setzt sich dann immer bei mir sehr schnell die Frage im Kopf fest, ohne dass ich was dagegen machen kann: „Kommt auch alles wieder zum Vorschein?“

Da die meisten Flughäfen sehr ausgedehnt sind, bieten die Flughafenbetreiber für Behinderte einen Bringdienst per Rollstuhl zum Flugzeug an. Ein toller Service ... Man wird dann, ich sage es mal ganz salopp, zur Seite gesetzt um zu warten, bis der Abholdienst kommt. Da sitzt man nun mutterseelenallein und wartet, wartet, wartet ... und keiner kommt und die Zeit läuft davon. Der Abflugtermin rückt immer näher. Kleine Schweißperlen sammeln sich dann immer auf meiner Stirn, die Hände werden feucht. Mit Adlersaugen hält man Ausschau und dann ... endlich erscheint ein Flughafenangestellter mit einem klapprigen Rolli, ein wahres Schmuckstück und sagt: „Keine Sorge, ist noch alles im grünen Bereich.“ Bitte Platz nehmen, die Reise kann beginnen!

Im forschen Tempo geht es in Richtung Flugzeug. Der fahrbare Untersatz wackelt hin und her, die Reifen quietschen, in den Kurven hat man das Gefühl, gleich kippt das Gefährt um und man legt sprichwörtlich eine Bruchlandung hin. Hinzu kommen noch die anderen Reisenden, die absolut kein Verständnis für solche haarsträubenden Aktionen haben. Mein Chauffeur war aber ein Meister der Fahrkunst. Es kam niemand zu schaden. Glück gehabt! Dann sah ich das Flugzeug. Es stand noch auf festem Boden. Mir fiel ein großer Stein vom Herzen ...

Die Flugreise ging in die USA. Daher waren wegen meiner Medikamente Vorsorgemaßnahmen zu treffen. Und zwar hatte ich mir von meinem Hausarzt eine schriftliche Bestätigung mit Unterschrift und Stempel ausstellen lassen. Daraus ging eindeutig hervor, dass es sich um Arzneimittel handelt. Somit war ein eventueller Drogenverdacht aus der Welt geschafft. Gut, dass ich keine flüssigen Arzneimittel brauche. Da hatte es ja schon die unwahrscheinlichsten Geschichten gegeben. Ich sage nur: Flüssigsprengstoff ... Neeee ... so etwas brauchte ich nun wirklich nicht.

Bedingt durch meine Erkrankung gehöre ich leider nicht zu den motorisch schnellsten MS-lern. Das bekomme ich dann immer bei den Personenkontrollen zu spüren und verschaffe mir immer Probleme. Wenn es heißt es: Bitte Schuhe ausziehen, aus dem Rollstuhl aufstehen und Marsch, Marsch zum Durchleuchten. Also, mehrmals kräftig durchatmen, Kräfte mobilisieren, und mit, wessen Hilfe auch immer, meine Puddingbeine zum Stehen zu bringen. Da ist man wegen der Reise schon mächtig aufgeregt und noch eine nicht beabsichtigte Showeinlage darbieten. Was ist, wenn es jetzt piept, schießt mir immer durch den Kopf und meine Schweißperlen und feuchten Hände zeigen wieder, dass auf sie Verlass ist. Aber es kam kein Ton.

Im Unterbewusstsein bekommt man immer mit, dass einige Mitreisende meine Turneinlage belustigend finden. Aber diese Situationen sind mir bekannt und machen mich inzwischen nicht mehr wütend. Ist doch schön, wenn man jemanden mit so einer Darbietung eine Freude bereiten kann. Gelernt ist gelernt.

Endlich saßen wie alle im Flugzeug. Die Türen schlossen sich. Der Flieger rollte zum Start und nun begann das große Abenteuer. Ein unbeschreibliches Gefühl in der Luft. Abgesehen vom Geschnatter der übrigen Gäste war der Flug sehr ruhig. Über den Wolken der blaue Himmel. Wahnsinn, sowas muss man erlebt haben. Schon im Liedtext „Über den Wolken“ von Liedermacher und Sänger Reinhard Mey heißt es u. a.: „Über den Wolken muss die Freiheit wohl grenzenlos sein. Alle Ängste, alle Sorgen, sagt man, blieben darunter verborgen und dann würde, was uns groß und wichtig erscheint, plötzlich nichtig und klein.“ Genau diese Empfindung hatte ich.

Dann begann die eigentliche Reise. Eine Schifffahrt in die Karibik. So heißt es auch in einem Lied:

„Eine Seefahrt die ist lustig.

Eine Seefahrt, die ist schön.

Denn da kann man fremde Länder

und noch manches andre sehn.“

Wie wahr. Ich liebe das Meer und finde Schiffsfahrten enorm entspannend. Nur mein Gleichgewichtssinn ist da ganz anderer Meinung. Da ich recht wackelig auf meinen Beinen stehe, wird jeder noch so kleine Seegang eine Herausforderung meines Standvermögens. Dabei ist es völlig egal, ob ich mich auf einem kleinen Kutter, oder auf einem Kreuzfahrtschiff befinde. Also schwankte ich über die Schiffsplanken. Das Getuschel der Menschen: „Die hat aber schon am frühen Morgen reichlich getrunken“, ignorierte ich einfach. Hinzu kam noch, dass meine Nase von der Sonne verbrannt war. Soll heißen, könnte ja auch eine Schnapsnase sein. Ich ließ den Mitreisenden in ihrem Glauben. Schließlich war Urlaub, den will man genießen, sollen sie doch reden was sie wollen.

Und so war es dann auch. Ein wunderbarer Urlaub, ein tolles Kreuzfahrtschiff, sehr nettes und hilfsbereites Schiffspersonal. Und nicht zu vergessen: Sonne, Sonne, Sonne ...

Den Stress und die Komplikationen, die bei dieser Reise für mich als Gehandicapten auftraten, habe ich gerne in Kauf genommen. Denn wahrscheinlich werde ich eine solche Reise nicht wieder machen können.

Bei der Rückreise traten ähnliche Situationen wie beim Abflug auf. Aber daran hatte ich ja nun Übung. Routine ist eben alles.

Mit meiner Familie und mit Freunden fand selbstverständlich eine Reisenachbetrachtung statt. Dabei wurde ich bestärkt, dass meine seinerzeitige Reiseentscheidung richtig war. Die gewonnenen Eindrücke sowie die teilweise lustigen Erlebnisse sind bis heute erhalten geblieben. Die vielen Fotos und mitgebrachten Utensilien schaue ich mir öfters an, um die Erinnerungen an die Reise abzurufen.

Besonders die Fotos bringen mich immer wieder zum Lachen und vermitteln mir das Gefühl, die Reise in diesem Augenblick neu zu erleben. So präsent sind die Erinnerungen immer noch daran …

„Ich bin doch auch ein normaler Mensch“

Britta Kummer über ihre Alltagserfahrungen

Über dieses Thema durfte ich am 03.08.2011 ein Gespräch mit dem Redakteur des Wochenkuriers führen.

Auszug Text © Wochenkurier

Die Ennepetaler Autorin Britta Kummer („Willkommen zu Hause, Amy“) ist wegen ihrer Behinderung im Alltag immer wieder wenig sensiblen Blicken und Bemerkungen ausgesetzt. Ihre Gedanken dazu hat sie im Text „Ich bin doch auch ein normaler Mensch“ niedergelegt.

Integration ist eines der beherrschenden Themen dieser Zeit. Meist geht es dabei um Mitbürger ausländischer Herkunft, oft auch um Menschen mit Behinderungen. Für Gehandicapte sind allerdings nicht nur barrierefreie Eingänge zu Ämtern und Geschäften, wichtig – genauso wichtig ist ein „barrierefreier“ Zugang in die Köpfe und Herzen ihrer Mitmenschen.

Auch in einer vermeintlich offenen, aufgeklärten Gesellschaft ist diese Barrierefreiheit vielfach mehr Wunschdenken als Wirklichkeit, wie Britta Kummer aus Ennepetal schon oft erfahren hat. Die 40-jährige Ennepetalerin ist seit Jahren an Multiple Sklerose erkrankt und muss im Alltag sehr oft erleben, dass sie für ihre Mitmenschen eine Sonderstellung einnimmt, die ihr alles andere als lieb ist. Ihre Gedanken hierzu hat sie in einem Text niedergelegt, der darum wirbt, sich in die Lage eines behinderten Menschen hinein zu versetzen.

Der Wochenkurier Ennepe-Ruhr war davon so beeindruckt, dass er diesen Text in Auszügen veröffentlicht – denn so wie Britta Kummer geht es vielen Menschen, die auf eine körperliche Einschränkung reduziert werden.

Soweit die Gedanken von Britta Kummer. Bleibt zu hoffen, dass ihr Text auch für Nachdenklichkeit bei jenen Lesern sorgt, die sich schwer tun, behinderten Menschen unbefangen gegenüber zu treten.

Den vollständigen Artikel finden Sie unter:

http://www.wochenkurier.de/archiv/2011/08/03/ich-bin-doch-auch-ein-normaler-mensch/

Die Resonanz auf diesen Artikel war erstaunlich. Es meldeten sich Menschen, die auch solche Erlebnisse hatten, aber nie den Mut aufbringen konnten, damit an die Öffentlichkeit zu gehen.

Ich danke dem Wochenkurier, dass er mit mir dieses Gespräch geführt und es veröffentlicht hat.

Interview mit Ingo Schmidt

Autorin Britta Kummer (K) im Gespräch mit Ingo Schmidt (S). Die beiden haben sich in einer Reha kennengelernt. Auch er kennt die Höhen und Tiefen, die diese Krankheit mit sich bringt.

(K): „Lieber Ingo, danke, dass Du Dich meinen Fragen stellst. Wir haben uns ja damals in der Reha kennengelernt, und obwohl zwischen unseren Wohnorten eine gewisse Distanz liegt, haben wir den Kontakt nie ganz abgebrochen. Wie geht es Dir im Moment?"

(S): „Im Augenblick sieht es nicht so rosig aus. Das Laufen fällt mir von Tag zu Tag schwerer. Selbst kleine Hindernisse werden inzwischen zu einer großen Hürde."

(K): „Das tut mir leid. Wir beide haben den gleichen Verlauf. Erst schubförmig, mittlerweile allerdings chronisch progredient. Nur dass bei Dir die MS bedeutend schneller fortschreitet als bei mir."

(S): „Das stimmt. Allerdings bin ich jetzt in eine behindertengerechte Wohnung umgezogen. Keinerlei Barrieren mehr und das macht das Leben um einiges leichter. Ich kann sogar mit meinem Rollstuhl in den Garten fahren, ohne immer jemanden bitten zu müssen. Wie Du Dir vorstellen kannst, ist das für die eigene Psyche sehr positiv."

(K): „Du weißt ja, ich bin nicht so der Fan von Selbsthilfegruppen. Warum ist das so wichtig für Dich?"

(S): „Mit meiner Selbsthilfegruppe habe ich wie einen Hauptgewinn gezogen. Wir tauschen uns aus, unternehmen gemeinsam etwas und es geht nicht immer nur um MS. Man muss hier nicht lange erklären, warum es mal nicht so gut geht. Schließlich ziehen wir alle am selben Strang."

(K): „Wie schaffst Du es immer wieder, dass Du Dich von Rückschlägen nicht unterkriegen lässt?"

(S): „Du hast mich doch in der Reha kennengelernt. Ich lache gerne und viel, bin ein geborener Optimist und stecke nicht so schnell den Kopf in den Sand. Und wenn ich doch mal einen Hänger habe, gibt es genug Leute in meinem Umfeld, die mir wieder Mut zusprechen."

(K): „Viele Mitmenschen haben immer noch Berührungsprobleme mit MS. Kannst Du mir einmal erklären, warum das so ist?"

(S): „Was man nicht kennt, fürchtet man. Ich glaube, das ist das Hauptproblem. Hinzu kommt, dass MS viele nichtsichtbare Symptome hat. Wie soll man etwas verstehen, was man nicht sehen kann?"

(K): „Mein Ventil ist das Schreiben und Fotografieren. Welches Ventil hast Du?"

(S): „Ich setze Miniatur-LKW´s zusammen und kann mich dabei total entspannen."

(K): „Das hätte ich jetzt nicht gedacht. Wenn ich mich richtig erinnere, ist Deine Feinmotorik in den Händen nicht mehr so gut. Wie kann man da bei diesen kleinen Teilchen entspannen? Also mich würde das verrückt machen."

(S): „Du weißt doch, bei mir ist vieles anders. Je kniffliger es wird, umso lockerer werde ich und das setzt positive Energie frei. Zumindest bei dieser Aufgabe. Hört sich verrückt an, ist aber so."

(K): „Liegt das vielleicht daran, dass Du als ehemaliger Brummifahrer nach wie vor eine Schwäche für diese Fahrzeuge hast?"

(S): „Da liegst Du völlig richtig. Du als ehemaliger Sportfreak powerst Dich auf der Computertastatur aus, ich bastele halt. Ist doch völlig egal, was man für ein Ventil hat, Hauptsache es ist eins da."

(K): „Sehe ich genauso."

(K): „Du denkst ja nach wie vor positiv. Woher kommt diese Kraft?"

(S): „Meine Freundin sagt immer: Wenn Du meinst, es geht nicht mehr, kommt irgendwo ein Lichtlein her. Diese Worte sind mein Wegbegleiter geworden. Sie rütteln mich immer wieder wach. Schon allein für meine Freundin lohnt es sich, weiter zu kämpfen."

(K): „Ich habe Deine Freundin ja kennengelernt. Ein weiterer Hauptgewinn für Dich. Du hast großes Glück gehabt. Das ist nicht immer so."

(S): „Ja, ich weiß. Jemand aus meiner Selbsthilfegruppe hat ihren Partner verloren. Der hat sich einfach aus dem Staub gemacht, weil er mit der Krankheit völlig überfordert war. So etwas kann ich nicht verstehen. Wir sind doch nach wie vor dieselben Menschen. Vielleicht nicht mehr so fit wie früher, aber im Inneren gleich."

(K): „Das stimmt. Auch ich kann so ein Verhalten nicht verstehen. So, nun wollen wir mal zum Ende kommen. Danke für dieses Interview. Lass Dich nicht unterkriegen und halte Dich krabbelig. Ich wünsche mir, dass wir weiterhin in Kontakt bleiben."

(S): „Das ist auch mein Herzenswunsch. Danke, liebe Britta, hat Spaß gemacht."

Kleiner Denkanstoß zum Schluss

Es ist als gehandicapter Mensch da draußen nicht leicht, da wir mit unserer eigenen Situation schon genug zu tun haben.

Es ist nicht schön, wenn Ihr auf Parkplätzen parkt, die für uns reserviert sind, nur weil Ihr zu faul seid, zwei Meter weiterzulaufen. Ist das so schwer zu verstehen? Glaubt mir, jeder von uns würde sofort mit Euch tauschen und einen großen Fußmarsch in Kauf nehmen, um an sein Ziel zu kommen.

Also denkt einfach mal vorher nach, bevor Ihr handelt und versucht euch etwas in unsere Lage zu versetzen.

Nehmt uns so wie wir sind, lasst uns am Leben teilnehmen und alles wird bestens funktionieren.

Bildergalerie

unbefristet gültig

Schwerbehindertenausweis

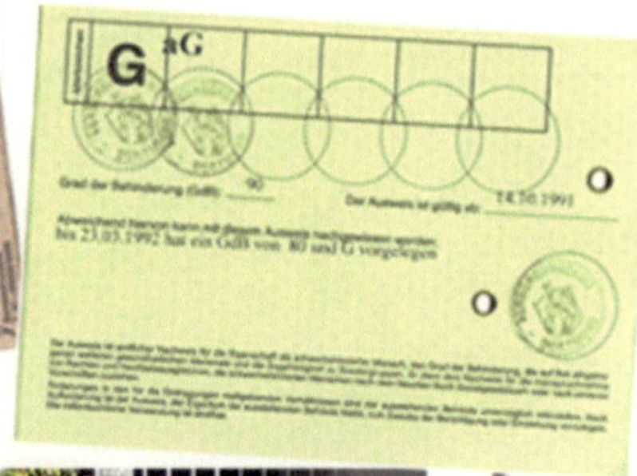

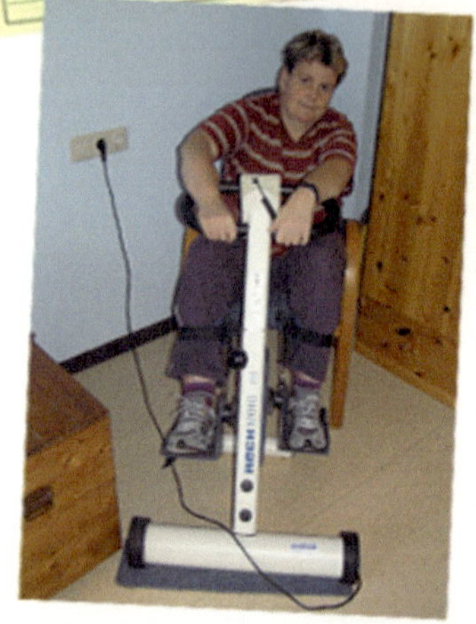

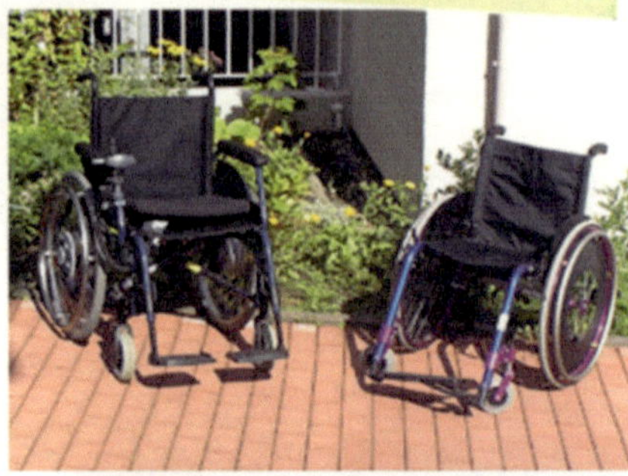

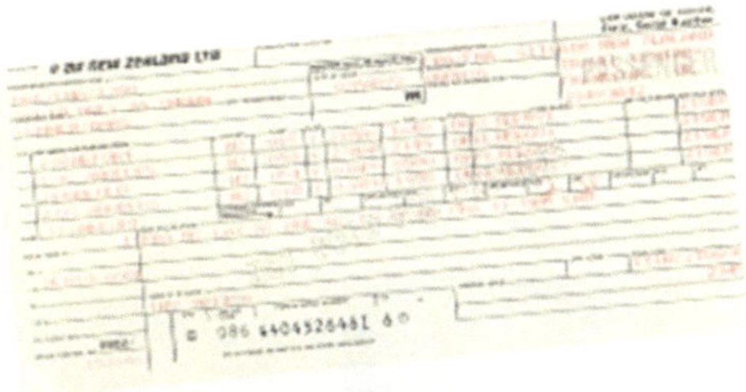

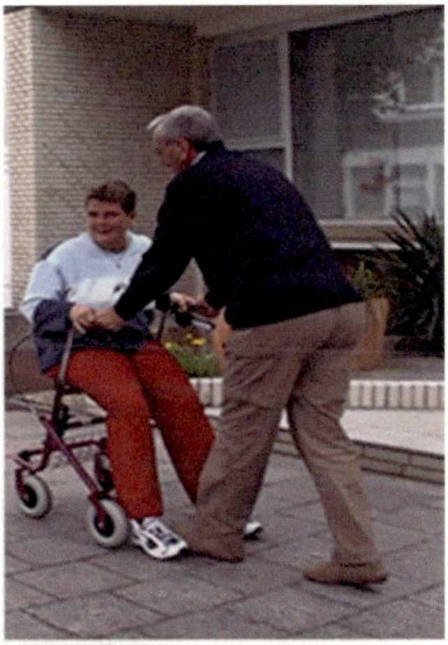

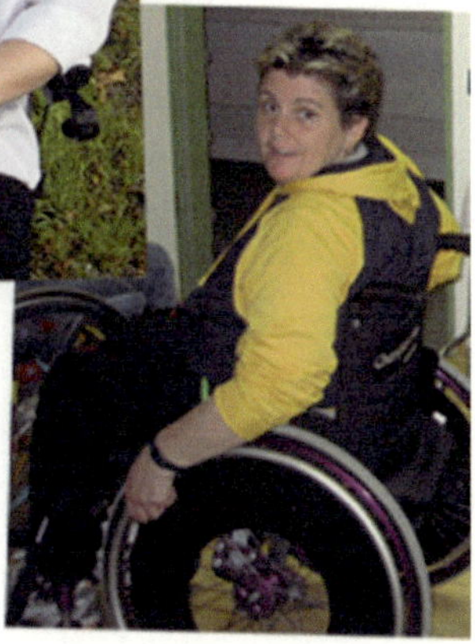

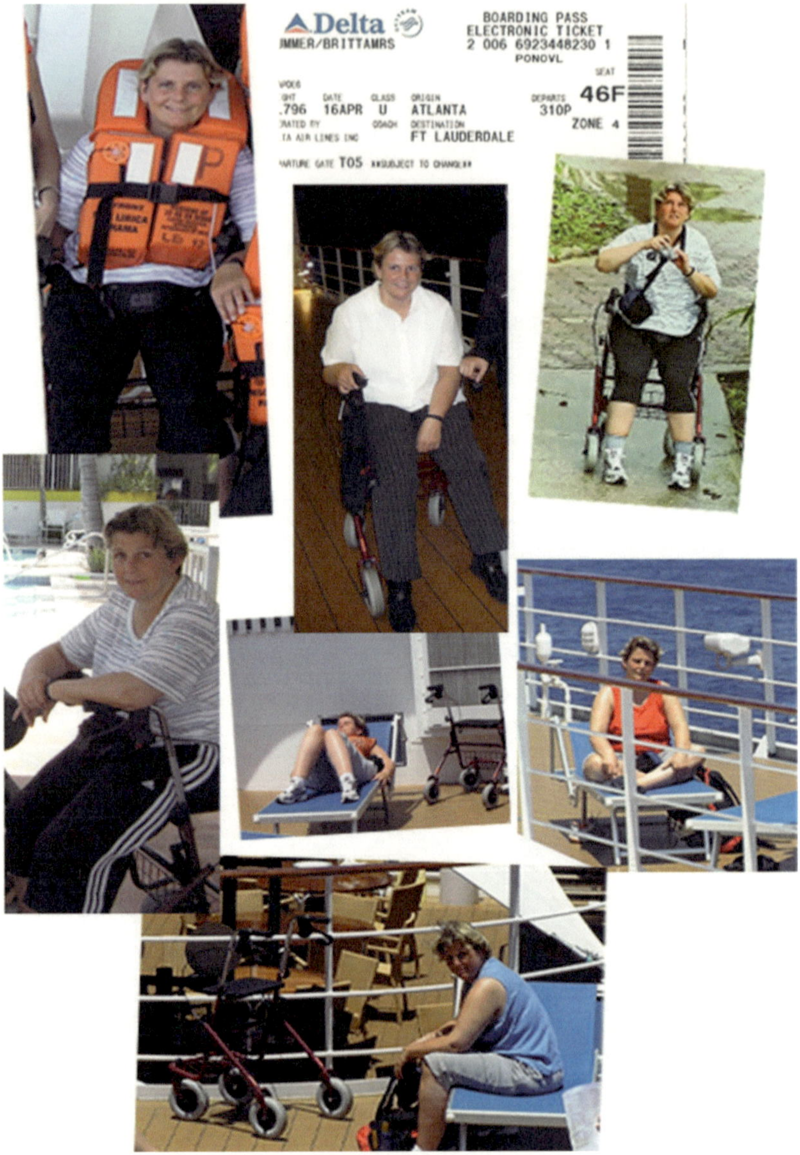
Delta
BOARDING PASS
ELECTRONIC TICKET
2 006 6923448230 1
PONOVL
MMER/BRITTAMRS
SEAT
46F
.796 16APR U ATLANTA
310P
ZONE 4
FT LAUDERDALE
T05

10.–14. Oktober 2012
FRANKFURTER BUCHMESSE
Ehrengast Neuseeland

NOT GOOD FOR PASSAGE

Danke

Der größte Dank geht an meine Eltern. Ohne sie hätte ich das alles nicht geschafft.

An meine Freunde, die immer da sind, wenn ich mal eine starke Schulter zum Anlehnen, zum Zuhören, zum Trösten, zum Weinen, aber auch zum Lachen, brauche.

An meine Autorenfreundinnen Heidi Dahlsen, Christine Erdiç und Caroline Régnard-Mayer für ihre kreative und ideenreiche Unterstützung, unermüdliche Hilfe und dass sie mir immer mit Rat und Tat zur Seite stehen.

An meinen Therapeuten, der es immer wieder schafft, meine letzten Kraftreserven in mir zu mobilisieren.

An meinen Neurologen und meinen Hausarzt, die immer eine vertrauensvolle Anlaufstelle sind, wenn es mal gerade nicht so läuft, wie es sollte.

An Romy Baumann, weil sie sich immer unermüdlich durch meine Texte kämpft.

An Karin Pfolz für das wünderschöne Cover und das Verlegen des Buches.

Buchtipps

Caroline Régnard-Mayer
Wir haben MS
und keiner sieht es!
Multiple Sklerose-
unsichtbare Symptome

Buchbeschreibung:

Die Autorin ist bekannt durch zahlreiche Bücher über das Thema Multiple Sklerose. Mit Ihrem Buch "Frauenpower trotz MS - Trilogie" und ihrem Kochbuch "Guten Appetit MS" schrieb sie sich in die Herzen der Leser. Aber auch in ihrem Buch "Mademoiselle klopft an meine Tür!" berührt sie Menschen mit der Krankheit Depression, informiert und lässt den Humor trotz ernstem Thema nie außen vor. Die angeblich unsichtbaren Symptome sind für uns, die an der neurologischen Erkrankung Multiple Sklerose erkrankt sind, ganz und gar nicht unsichtbar! Wer von uns MS-Betroffenen hat nicht schon so oft hören müssen: "Man sieht Ihnen ja gar nichts an!", "Sie sehen so gesund aus.", "Was!? Sie sind unheilbar krank, sie sehen aus wie das blühende Leben!" oder "Sie können doch laufen!". Deswegen schrieb ich dieses Buch, um ein Sprachrohr für all die Menschen zu sein, die sich täglich mit der Unsichtbarkeit auseinander setzen müssen und das Wichtigste: Außenstehende, Angehörige und Unwissende aufzuklären und zu vermitteln, helfen, informieren und das Lachen trotz unsichtbarer Last nicht zu verlernen.

Wir haben MS und keiner sieht es!

Caroline Regnard-Mayer

88 Seiten

Verlag: CreateSpace Independent Publishing Platform

ISBN: 978-1-5084-1860-3, 5,99 Euro (Paperback)

Auch als E-Book erhältlich!

Caroline Régnard-Mayer

MS – Gedankenspiele

Schwächen und Stärken

Buchbeschreibung:

Unsere Gedanken stellen eine große Macht in unserer Persönlichkeit dar. Wir können sie nicht einfach so ausschalten wie wir es mit einer Lampe täglich tun. Ohne Gedanken können wir nicht das sein, was der Mensch ist. Aber wir können vieles mit positive Gedankenflüsse bewirken. Das ist meine Erfahrung und ich erlebe es ständig im Alltag, beim Schreiben, beim Kommunizieren mit anderen Menschen.

MS - Gedankenspiele: Schwächen und Stärken

Caroline Regnard-Mayer

52 Seiten

Verlag Books on Demand, Norderstedt

ISBN: 978-3-7386-0902-8, 3,90 Euro (Paperback)

Auch als E-Book erhältlich!

Frauenpower trotz MS
Trilogie
Jetzt liegt es an mir!
Caroline Régnard-Mayer
Frauenpower
Trotz MS
Caroline Régnard-Mayer
MS - Mein Schicksal, mein Leben!

Buchbeschreibung:

Ab sofort „Frauenpower trotz MS“ als Sammelband (3-in-1): Mit 39 Jahren bekam Caroline Régnard-Mayer im Entlassungsbericht der Klinik diagnostiziert, dass sie Multiple Sklerose (MS) hat, die sie in ihrem weiteren Leben nun begleiten sollte. Nach zahlreichen Klinikaufenthalten und erfolglosen Therapien stellte sie sich dieser unheilbaren Erkrankung und nimmt die Leser mit auf eine Achterbahnfahrt, die authentisch und fesselnd erzählt wird. Ihr eigenes Akzeptieren der MS und das Leben mit der Krankheit bedeutet an jedem Tag eine Herausforderung. Dennoch genießt sie ihr Leben, schöpft Kraft im Glauben und der Feldenkraislehre und sieht positiv in die Zukunft. In der vorliegenden Trilogie möchte die Autorin ihre Leser mit einem ähnlichen Schicksal oder Lebenskrise ermutigen.

Frauenpower trotz MS - Trilogie: Jetzt liegt es an mir!

Caroline Regnard-Mayer

232 Seiten

Verlag Books on Demand, Norderstedt

ISBN: 978-3-7357-9260-0, 14,90 Euro (Paperback)

Auch als E-Book erhältlich!

Autorenfreunde

Geschichten für Groß und Klein

Buchbeschreibung:

Geschichten für Groß und Klein ist eine Anthologie. Der gesamte Erlös kommt dem Henri Thaler Verein zugute. Dieser unterstützt krebskranke Kinder, Jugendliche und junge Erwachsene finanziell und bietet organisatorische Hilfe an. http://henri-thaler.de/
Alle Beteiligten stellten ihre Beiträge kostenlos zu Verfügung. Entstanden ist eine bunte Mischung unterhaltsamer Texte, die jedes Leserherz erfreuen wird.

Autorenfreunde - Geschichten für Groß und Klein

Anthologie

192 Seiten

Verlag Books on Demand, Norderstedt

ISBN: 978-3-7347-4942-1, 9,90 Euro (Paperback)

Auch als E-Book erhältlich!

Britta Kummer,

wurde 1970 in Hagen (NRW) geboren und lebt heute im schönen Ennepetal. Als gelernte Versicherungs-kauffrau entdeckte sie im Jahre 2007 das Schreiben und seit dieser Zeit bestimmt es ihr Leben.

Es macht ihr einfach großen Spaß, sich auf diese Art und Weise auszudrücken. Erst wurden ihre Werke im Bekanntenkreis herumgereicht und die Resonanz darauf war sehr positiv. Es dauerte nicht lange und schon hielt sie ihr 1. Buch „Willkommen zu Hause, Amy“ in ihren Händen.

Weitere Informationen finden Sie unter:

http://brittasbuecher.jimdo.com/

Empfehlenswerte AutorInnen

Nachfolgend möchte ich Sie auf interessante und lesenswerte Bücher aufmerksam machen.

http://www.pjart.de/

http://autorin-heidi-dahlsen.jimdo.com/

http://christineerdic.jimdo.com/

http://frauenpower-ms.jimdo.com/

Heiteres und Nachdenkliches über die Menschen und das Leben.
Die Gedanken fließen und schreiben sich selbst, wenn man nicht versucht sie zu beeinflussen. "Nur ein Gedanke" erschien zuerst als Posting-Serie in sozialen Netzwerken. Doch die Leser forderten mehr und das in gedruckter Form. Begleitet werden die Worte durch Zeichnungen der Künstlerin Karin Pfolz, im Ganzseitendruck, die das Werk vervollständigen.
Dieses Buch ist ein Werk der Kunst für die Seele.

ISBN: 978-3-903056-30-5

Respekt für Dich

Respekt für Dich unterstützt Gewaltopfer!
Die Vereinsgründerin Karin Pfolz hat, leider, aus eigener Erfahrung einen Bezug zu Gewalt ihre gewaltdominierte Beziehung in einem Buch aufgearbeitet, das nächste Ziel war es einen Verein zu gründen, der Opfer von Gewalt jeglicher Art, unbürokratisch, unterstützt.
Projekte
Viele Projekte sind schon passiert und weitere sind in Planung. Unter anderem hat der Verein eine Plattform für Buchautoren gegründet und einen kleinen Verlag. Mit dem Verkauf der Bücher werden Spenden eingehoben und an Gewaltopfer weitergeleitet.

Spenden:

Wir sammeln Spenden in Form von Buchverkäufen, Events, Tombolas, Präsentationen, Lesungen u.v.m.
Viele Spenden konnten schon an "Autonome Österreichische Frauenhäuser" vergeben werden.

http://www.respekt-fuer-dich.org/

Respekt für Dich

ISBN: 978-3-903056-36-7

ISBN: 978-3-903056-26-8

Karina Verlag

Der Karina Verlag wurde Mitte 2014 von Autorin Karin Pfolz gegründet. Sie ist Vorsitzende des Vereins „Respekt für Dich - AutorInnen gegen Gewalt."
Dieser Verlag ist sehr vielseitig und bietet bereits jetzt schon eine enorme Bandbreite an. Hier finden Sie interessante und lesenswerte Bücher für Erwachsene und Kinder. Aber nicht nur das. Dort tummeln sich nämlich nicht nur Autoren, sondern auch Musiker, Maler und Fotografen.
Die Verlegerin sagt selbst: „Die Bücher werden nicht von Star-Autoren geschrieben. Es sind Bücher, die mit der Seele geschrieben wurden. Die Texte unbekannter Autoren sind um einiges spannender und abwechslungsreicher, als so mancher Bestseller."
Von jedem Buch, das erscheint, geht ein Teil der Einnahmen in die Unterstützung von Gewaltopfer. Teils durch Workshops zum Thema „Gewaltprävention" an Schulen, teils an die Autonomen Österreichischen Frauenhäuser und GewaltFREIleben.

www.karinaverlag.at